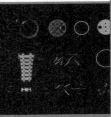

LUXURY
ALLURE

遇见顶级珠宝和腕表品牌的梦幻世界

奢侈的
诱惑

胡雨馨　编著

社会科学文献出版社
SOCIAL SCIENCES ACADEMIC PRESS(CHINA)

奢侈品中的灵魂伴侣

　　刚到巴黎求学时，一次散步从卢浮宫穿过杜乐丽花园，不小心误入一个广场。广场面积不大，设计简单，正中央竖立着一根高高的铜制圆柱，顶端是一位面目模糊的人物雕像。广场四周每一家商铺的橱窗里，都展示着熠熠生辉的珠宝，大颗的宝石在丝绒底座上闪烁着迷人的光芒，高大的黑人保安面无表情地站在门口。我的心怦怦直跳，难道这就是著名的芳登广场（La place Vendôme）？尚美巴黎（CHAUMET）曾经以这个广场上的门牌号 12 为名制作钻石冠冕；梵克雅宝 Logo 上的圆柱原型就在眼前；那位名闻天下的美人——奢侈品牌共同的灵感缪斯格蕾丝·凯利王妃，以及酷爱珠宝的伊丽莎白·泰勒都曾频频出入这个广场。站在这里，仿佛随时会有马车驶来停下，走下一位戴着羽毛和钻石头饰的贵妇……这神奇的瞬间给我留下了一段跨越时空的美妙记忆。

　　在这本书里，你可以感受到几个世纪以来，那些极具震撼美的珠宝和腕表作品，知晓它们如何为皇室贵族的传奇故事平添神秘色彩，了解它们如何将各种艺术风格、稀有材料、顶级工艺以最完美的方式结合到一起，以及这些品牌最核心、最重要的历史，比如蒂芙尼蓝的渊源，或者卡地亚为什么被称为“皇帝的珠宝商”，等等。

　　2012 年，我曾经参与拍摄过一些相关主题的时尚大片。那些充满强烈品牌风格的珠宝和腕表作品在摄影棚的灯光下碰撞出摄人心魄的光芒。它们就是拥有那样的魔力，让人不由地产生距离感，像高冷的艺术品，融入生活又升华生活。珠宝和腕表，是一种隽永的存在，带有某种烙印，甚至仪式般的庄重感，比如父亲在毕业时送的铂金表，再比如一条 35 岁生日时收到的御木本珍珠项链。

将珠宝和腕表比作灵魂伴侣是多么恰如其分啊！在瑞士，既有如江诗丹顿这样的老牌名表，也有许多不知名的二手表店；在巴黎的芳登广场附近也有许多小珠宝店，宝石的切割方式古典而又优雅。这些店铺在一起十分和谐，欣赏和拥有，都是生活的组成部分。一个好的灵魂伴侣可遇而不可求，就像奢侈品，不是人人都可拥有。很多人没有等到一个灵魂伴侣相伴终生，但我们依然歌颂爱情。发现奢侈品的美和秘密，是一种高贵的生活方式和生活态度。眼前的这本书，不是诱惑你去过一种奢侈的生活，而是帮你坚定一个信念——未来，还有更好的东西在等着你，值得你去奋斗。

胡雨馨

2016 年 2 月于巴黎

GP
GIRARD-PERREGAUX

14

芝 柏
GIRARD-PERREGAUX
·
·
三金桥陀飞轮，蒙娜丽莎的微笑

JAEGER-LECOULTRE

15

积 家
JAEGER-LECOULTRE
·
·
以"芯"传世，以艺取胜

PATEK PHILIPPE

16

百达翡丽
PATEK PHILIPPE
·
·
钟表界的"蓝血贵族"

CHAUMET
PARIS

Since 1780

尚美巴黎
CHAUMET

：

"钻冕之王"的隐奢传奇

品牌创始人：

马里-艾蒂安·尼铎

品牌诞生地：

法国巴黎

品牌总部：

法国巴黎

品牌历史：

法国著名珠宝品牌尚美巴黎，与法国历史有着密不可分
的关系。1780年，马里-艾蒂安·尼铎开设了自己的珠
宝店。1802年，尼铎成为拿破仑的御用珠宝匠。1848
年，法国二月革命爆发，首席珠宝匠让-瓦伦太·莫雷和
他的儿子普诺佩斯·莫雷前往英国开辟市场，受到维多
利亚女王及英国上流社会的青睐，成为英国王室的御用
珠宝商。1852年，拿破仑三世成为法兰西第二共和国总
统，法国逐渐重拾世界时尚之都的地位。1862年，普诺
佩斯·莫雷成为珠宝店的主理人，拿破仑一世时代的华
丽风格再次回归。1907年，第四代继承人约瑟夫·尚美
把珠宝店在巴黎的总部迁至芳登广场12号，给品牌命名
为尚美巴黎。1999年，尚美巴黎加入世界第一大奢侈品
集团——LVMH集团，成为该集团历史最悠久的法国国
宝级珠宝时计翘楚。

历代掌门人：

1780年，工匠马里-艾蒂安·尼铎创立品牌；1815年尼
铎宣布退休并指派他的首席珠宝匠让·巴迪斯特·弗森
接管业务；1862年，普诺佩斯·莫雷继承了珠宝店；
1885年，普诺佩斯·莫雷的女婿约瑟夫·尚美继任，成
为第四代传人，并以自己的姓氏给品牌命名。1928年，
马塞尔·尚美继任；1999年，尚美巴黎加入世界第一大
奢侈品集团LVMH集团麾下，翻开全新篇章。

拿破仑的御用珠宝匠

巴黎的芳登广场，空间不大，曾经是旺多姆公爵的宅邸，如今是珠宝的殿堂，那些我们耳熟能详的顶级珠宝品牌几乎都在此设有门店。法国国宝级的珠宝品牌尚美巴黎的总部就坐落在芳登广场 12 号，它不仅把广场中心的奥斯特利茨战役纪念铜柱作为品牌 Logo，还用数字 12 创作了一系列作品。

两个多世纪以来，尚美凭借稳定精湛的工艺，简约自然的设计，延续着珠宝世家的传奇和崇高地位。

时间回溯到 18 世纪的法国，尚美编年史的起点。创始人马里 - 艾蒂安·尼铎（Marie-Etienne Nitot）还只是一名珠宝学徒，跟随安托瓦内特皇后的御用珠宝匠奥贝尔学习珠宝制作技术。与那些只想谋个饭碗的学徒不同，尼铎从小就对珠宝有一种特殊的敏感，对他来说，制作珠宝不仅是一份工作，更是自己一生的事业。当艰苦而漫长的学徒生涯结束之后，他没有像其他人一样，按部就班地成为一名流水线上的珠宝工匠，他有更大的野心。

1780 年，尼铎在巴黎开设了自己的珠宝作坊。时值法国大革命爆发前夕，旧贵族对奢靡生活的追求达到了顶点。他精湛的技术和高贵华丽的设计风格，迎合了贵族的喜好，吸引到大量客户，在高手林立的巴黎珠宝界站稳了脚跟。

　　这个品牌，将与法国几代统治者紧密相关。当我们回顾历史的时候，发现这段故事从一场奇遇开始。

　　这天，拿破仑一世还没有成为法兰西的国王，还是一位执政官。在出巡的路上，一匹拉着他座驾的马突然失控，当时坐在车里的拿破仑处于危险之中。而这惊险的一幕正好发生在尼铎珠宝店的门前。情急之中，尼铎挺身而出，英勇且机智地制服了失控的马匹。这位年轻又极具魄力的珠宝匠给拿破仑留下了深刻的印象。

　　1799 年，拿破仑策动雾月政变，成为"法兰西共和国"的第一执政，随着拿破仑政治地位的不断上升，尼铎准确地抓住了这段关系带来的巨大机遇。

　　尼铎深知，珠宝品牌层出不穷，要想成就一个顶级品牌，顶级的工艺只是一个必要的基础，"好风凭借力"，只有借助皇室的力量才能真正成就品牌的传奇。他要将自己最出色的珠宝作品，献给拿破仑。

　　拿破仑是一个狂热的珠宝爱好者，对尼铎的珠宝技术亦早有耳闻，加上"救命之恩"这层关系，尼铎得到了为拿破仑制作珠宝的机会。拿破仑将当时法国最大也是最著名的钻石——重达 140 克拉的戈尔达钻石（也叫"摄政王钻石"）交给了他，让他为即将登基的自己设计并制造宝剑。尼铎圆满完成了这一重任，他在宝剑的刀柄上镶嵌钻石，将这把彰显威严的宝剑打造成了一件瑰丽无比的艺术品，成为那段历史最珍贵的见证。这件作品至今还被收藏在法国国立枫丹白露博物馆内，供人们一窥芳华。

1804 年，经过 5 年的公民投票，拿破仑建立"法兰西第一帝国"，成为真正的法国皇帝。

尼铎的"投资"获得了惊人的回报，拿破仑将珠宝从装饰层面的意义提升到了政治权力层面的意义，他认为"皇室成员在正式场合必须佩戴闪耀的珠宝，以彰显皇族尊贵的身份和绝对的威严"，这大大扩展了珠宝市场。尼铎与他的珠宝工坊获得了黄金发展机会，很快成为闻名欧洲的珠宝商。

那些上流社会的名媛贵胄，都以佩戴尼铎设计的珠宝为荣。当他们穿梭于舞会和剧院时，就像尼铎形容的那样——"珠宝的独特韵味，总是会令人心跳加速。"

在尚美巴黎博物馆的东南角，至今仍存放着几百件精致华美、造型别致的白铜冠冕和头饰模型，通过它们，我们仿佛能穿越历史长河，看到 19 世纪初身世显赫的贵族公主们在舞会中翩翩起舞，看到拿破仑在加冕礼上被珠宝衬托出的威仪。

尼铎是服务于皇室的御用珠宝匠，尚美巴黎的诞生与拿破仑帝国的兴起密不可分。但是，尼铎的成功并非仅仅因为与拿破仑的相遇，尼铎和他的工匠们对珠宝的品位与创新精神，成为品牌发展的坚实基础，这种专注与持守才是尚美巴黎从 1780 年开始，一代一代传承至今的最重要原因。

为爱加冕

玛丽莲·梦露在影片《嫁给百万富翁》中高唱:"手上的一吻多么令人陶醉,可是只有钻石才是女人最好的朋友。"除去爱情,还能让女人瞳孔放大、心跳加快的就是珠宝和恐怖电影了吧。

那美轮美奂的宝石,被精妙地切割、打磨、镶嵌,它就不再是一块没有生命的石头,而是被赋予了独特的个性、气质与风韵,每个女人都试图从中找到自己的影子。

珠宝本身所蕴含的永恒意义,也被当作了爱情的象征。珠宝贵族尚美巴黎,承载着两个世纪的历史芳华,见证了众多皇室、贵族和名流贵胄的婚姻誓言。

不管是昆凌在梦幻婚礼上佩戴的 "Lumieres-d'Eau" 钻冕,还是高圆圆的 "Plume" 18K 黄金对戒和 "Hortensia" 绣球花手镯,抑或是 Angela baby 佩戴的尚美巴黎总部博物馆收藏的、非卖古董孤品珍珠钻冕及胸针,都点亮了一个女人一生中最美丽的瞬间。

提到尚美巴黎,就不得不说它的缪斯女神——那位高贵优雅的约瑟芬皇后。这位集美貌与智慧于一身的女神,是拿破仑心中的挚爱,约瑟芬皇后酷爱珠宝,而且品位尤佳,她经常佩戴不同类型的珠宝出席各种场合,其中大部分珠宝都是拿破仑送给她的。

约瑟芬皇后出生于加勒比海小岛上的一个显赫家族,少女时代的约瑟芬美丽温柔，善于探索生活中的美好，超凡脱俗。这些特质让拿破仑对她一见倾心。1795 年，在拿破仑致约瑟芬的信札中，拿破仑激动地对爱人呐喊："温柔而无与伦比的约瑟芬啊，你在我的心上使用了什么魔法！"

遇到拿破仑的时候，约瑟芬是有着两个孩子的寡妇，拿破仑迷恋她，坚持让她成为自己的皇后。1805 年，为了表达对爱人这份至深不渝的爱情，拿破仑命自己的御用珠宝匠尼铎，为约瑟芬皇后打造一顶冠冕。在两百多年前的欧洲皇室，冠冕不同于其他珠宝，只有皇族的男性才可以佩戴。拿破仑不顾世俗的眼光，执意要将这份殊荣赐予自己心中的女神。

为此，尼铎特别打造了一顶华贵柔美的半开口造型的钻冕"Tiara"，将传统皇冠的闭合圆圈造型改为开口造型，更加柔美，符合女性特质。拿破仑的深情并不止于此，他甚至拿出卢浮宫收藏的 82 件浮雕玉髓文物，让尼铎设计在约瑟芬皇后的后冠之上。后来，这顶镶有圣经中母与子故事的绝美冠冕，由约瑟芬的女儿传入瑞典王国，成为历代瑞典皇室公主婚礼时的必备行头。

这顶独特的冠冕，让约瑟芬皇后在拿破仑加冕之日惊艳四座，开启了古典头饰的风潮。"Tiara"钻冕也开始在当时的宫廷，乃至整个巴黎流行起来。由尼铎设计的秀冠钻冕开了皇室女性也能佩戴冠冕的先河，拿破仑的两任皇后约瑟芬和玛丽·路易丝的冠冕都出自尚美巴黎之手，这一时期，尚美巴黎是当之无愧的"钻冕大师"。从法兰西帝国的皇后到大英帝国的女皇维多利亚,从瑞典历代皇室公主到如今的法兰西玫瑰苏菲·玛索,尚美巴黎从创立之初的 1780 年至今,已经制作了两万多顶冠冕,并且从未停止过创新。

对于尼铎来说,约瑟芬在加冕仪式上的惊艳登场,也为他的珠宝工坊带来了源源不断的订单,自此,约瑟芬成为尼铎的灵感缪斯,激发他制作出多件传世珍品。在约瑟芬皇后的大量珠宝珍藏里,不乏独特且寓意深刻的珠宝系列,比如著名的"藏头诗珠宝",就是利用宝石名称的第一个字母来隐藏一段情诗。直到现在,尚美巴黎都在不断重新诠释这个系列的珠宝,并加入其他情感符号作为装饰。

为了纪念这位女神,尚美巴黎在品牌成立 230 周年之际,还特别设计了"加冕·爱"系列珠宝,以力量与优雅、平衡与动感为主题,将风靡于拿破仑时代的经典冠冕,制作成戒指、项链、耳环、腕表等配饰,延续拿破仑"为爱加冕"的浪漫传奇,向约瑟芬皇后致敬。

在尚美巴黎两个多世纪的冠冕创作历史中,每一顶定制的冠冕都是独一无二的,都有着深刻的内涵,需要极其细致和精湛的工艺。在制作之前,尚美巴黎的风格总监和设计师会与定制者进行充分的沟通,根据佩戴者的气质与要求设计出 2~3 张手绘草图,供定制者挑选,在确定冠冕造型之后,依然不能开始正式的制作,还要制作白铜模型,先用颜料模拟出宝石的光泽与颜色,再根据定制者的头部形状与佩戴方式进行冠冕的进一步优化,当一切都确认完成后,真正的冠冕制作才可以开始。

尚美巴黎制作的每一顶冠冕都是纯手工镶嵌、打磨。一款冠冕，需要娴熟的珠宝工匠们花费 500~1500 个小时的时间才能造就。

当然，尚美巴黎的冠冕不是皇族专属。很多名流贵胄也会在生日、成人礼或婚礼等盛大的仪式上，为自己的爱人或女儿定制一款 CHAUMET 钻冕，作为一个美丽时刻的独特纪念。钻冕，承载着人们对永恒的美好期待。

两个多世纪的跌宕起伏

在与法国历史休戚相关的两个多世纪的岁月里，尚美巴黎不仅享受着皇室带来的机会与荣誉，也承受着同样概率的风险。翻开尚美巴黎的发展史，就如同翻开了跌宕起伏的法国史。

随着拿破仑帝国的衰落，尚美巴黎的创建者马里-艾蒂安·尼铎也老了。当年迈的尼铎开始物色接班人的时候，他没有选择很多珠宝工坊世袭的做法，而是坚持"传贤不传子"的宗旨，珠宝工坊的继承者必须由工坊里最具才华的珠宝师担任，才能始终保证精良的工艺。为此，尼铎决定将工坊传给弗森父子（Jean-Baptiste Fossin 和 Jules Fossin）继承。工坊从此进入弗森时期。

这段时期，弗森父子所设计出来的出色作品依然是皇族的宠儿。同时，也吸引了不少画家、雕塑家、作家、明星的目光。

弗森父子受法国浪漫主义及意大利文艺复兴运动的影响，加上拿破仑政权的倒塌，他们的珠宝设计改变了以往的古典风格，将目光投向大自然。材质的运用更加灵活，并且可以根据客户的喜好进行定制，珠宝的形状有常春藤叶状、紫罗兰状、心形，等等。

1848年，法国二月革命爆发，此时，尚美巴黎生存的沃土——法兰西帝国一片狼藉，时局的混乱极大地影响了当时巴黎的商业活动，弗森派首席珠宝匠让-瓦伦太·莫雷（Jean-Valentin Morel）和他的儿子普诺佩斯·莫雷（Prosper Morel）去海外开辟市场。莫雷父子来到了英国。

莫雷父子设计的珠宝，展现出神奇的魅力，迅速受到英国维多利亚女王及上流社会的青睐，成为英国皇室的御用珠宝商，尚美巴黎在英国梅开二度。

1852年，拿破仑三世开始执掌法兰西第二共和国，莫雷父子重返法国。此时，法国国内的政局逐渐稳定，尤其在拿破仑三世成婚之后，每到下午，散布在巴黎的各个大小沙龙热闹非凡。巴黎重拾以往的生机和繁荣，再次成为"世界时尚之都"。

1862年，普诺佩斯·莫雷成为珠宝工坊的新掌门，工坊也根据当时的社会风潮，制作了很多适合宴会、舞会佩戴的珠宝，都风靡一时。

19世纪后期，约瑟夫·尚美（Joseph Chaumet）从岳父普诺佩斯·莫雷手中接过了珠宝工坊，成为品牌的第四代传人。尚美也是一位优秀的珠宝设计师，他以自己的姓氏"Chaumet"为品牌确立了名字。

1907 年，约瑟夫把尚美巴黎的总部迁至芳登广场 12 号。当时的皇室、贵族都是珠宝店的常客，这个时期也是他创作的高峰期，约瑟夫把大自然作为自己的灵感之源，延续了尚美巴黎自然主义与浪漫主义的风格，将自然界中的瀑布、水流、蝴蝶、羽毛等美丽事物融入珠宝设计，使珠宝外观更加生动而富有活力，带领尚美巴黎进入了盛极一时的"美好时代"。当时尚美巴黎的主要业务，就是为客户们定制钻冕及羽饰花冠，其中不乏来自世界各地的权贵的私人定制，譬如加拿大总督贝斯伯勒（Bessborough）伯爵为爱妻定制的钻冕，俄国的伊莉娜（Irina）公爵夫人定制的太阳形状的钻冕，塔尔胡特（Talhouet）侯爵夫人的曼叶状钻冕等，巩固了尚美巴黎"钻冕大师"的地位。

1928 年，子承父业的马塞尔·尚美（Marcel Chaumet）接手品牌之后，尚美巴黎的风格转为和谐的几何造型，成为高级时装不可或缺的"伴侣"。

然而，无论掌门人如何更替，尚美巴黎珠宝的自然主义设计风格始终未变。1969 年，尚美巴黎的首家珠宝专卖店在法国巴黎的芳登广场正式亮相，为了让消费者近距离感受珠宝的魅力，尚美巴黎将珠宝陈列于橱窗直接面向街道展示。

如今，尚美巴黎是法国国宝级珠宝的代名词，历经 230 余年，秉承一贯的"隐奢风格"，高贵与奢华跨越了时空，风华不减，将纯正的法式格调推向世界。它伫立在芳登广场的中心，守护着巴黎这个珠宝帝国的荣耀，并且创造着新的传奇。

灵感之源，自然史诗

在尚美巴黎的成长过程中，自然元素自始至终都是其重要的组成部分。

尚美巴黎的灵感缪斯约瑟芬皇后最爱的植物是典雅的绣球花，这种源自东方的花卉，花语是幸福与希望。为了衬托约瑟芬皇后的高雅与娇柔之美，设计师将各式珠宝利用几何形的设计，幻化成绣球花的造型，从花冠到花蕊，细致入微地呈现出来，宝石的色彩与光泽巧妙结合，表现出花色的渐变，让佩戴它的女人仿佛置身于春日的芬芳之中。

在尚美巴黎的"美好时代"和二战后，麦穗图案作为一种典型标识，经常被设计师用在冠冕之上。早在 1811 年，创始人尼铎就为拿破仑的第二任皇后——玛丽·路易丝设计了 150 朵麦穗造型，可以随意拆卸组装，用来装饰她的长裙和头发。

尚美巴黎在 1880 年创作的蜂鸟胸针，更将真正的羽毛嵌入其中，金银、红宝石、钻石与羽毛的独特色泽交相辉映，完美再现鸟儿的灵动之态，深受名媛贵妇的喜爱。

第四代传人约瑟夫·尚美，也将尚美巴黎对自然灵感的追求发挥到了极致，在点与线、光与色的律动中，表现自然界生命的多姿多彩。

尚美巴黎
CHAUMET

"钻冕之王"的隐奢传奇

　　在尚美巴黎设计师的眼中，大自然中一切看似平凡的事物，如缠绕的蜘蛛网、飞翔的蜜蜂蝴蝶、春季消融的冰雪，都有极其美妙的元素孕育其中，都是灵感之源。除此之外，从 1885 年开始，每一件离开工厂、重新加工或者修复的作品，都会被设计师们以照片的形式记录在案，将珠宝的设计过程详细记录下来，为日后创作提供参考。

　　直到今天，尚美巴黎对于自然的倾慕，依然有增无减。譬如它的"网住我，若你爱我"系列，将人类最美好的感情与自然相结合，诉说了一个个充满诱惑的故事；而"Bee My Love"（蜂·爱）系列，则选择了拿破仑一世的象征物蜜蜂作为创作主体，灵动的蜜蜂与蝴蝶飞舞在璀璨的蒲公英之间，设计师运用微雕技术，将珍珠贝母制作成蝴蝶纤薄的翅膀，用玛瑙、红玉髓与水晶石组成蜜蜂，在黄金蒲公英的背景下，肆意嬉戏，组成一幅春光旖旎的画卷。

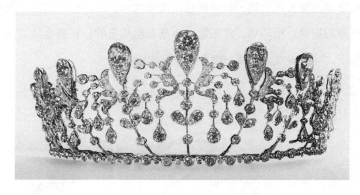

02

TIFFANY & CO.

Since 1837

蒂芙尼
TIFFANY

:

传递幸福的青鸟

品牌创始人：

查尔斯·刘易斯·蒂芙尼和约翰·杨

品牌诞生地：

美国纽约

品牌总部：

美国纽约

品牌历史：

1837年，查尔斯·刘易斯·蒂芙尼与约翰·杨在纽约百老汇大街259号创建了"Tiffany & Young"，起初它只是一家小小的文具饰品店。同年，查尔斯·蒂芙尼掌握控制权，蒂芙尼品牌正式创立，以银制餐具闻名。1886年，蒂芙尼推出了最为经典的"Setting"系列钻戒，发明了风靡世界的"六爪镶嵌法"。蒂芙尼是美国设计的象征，以爱与美、浪漫和梦想为主题，主要生产珠宝、手表、配饰等。

历代掌门人：

由查尔斯·刘易斯·蒂芙尼和约翰·杨创立，1870年后由查尔斯·蒂芙尼的儿子路易斯·康福特·蒂芙尼接手。1979年，约翰·劳瑞受聘为蒂芙尼第三代设计总监，并网罗众多知名设计师加入，带领蒂芙尼成为世界知名珠宝品牌。

"黄钻"的传奇

1837 年，在纽约百老汇大街 259 号出现了一家不起眼的小铺子"Tiffany & Young"，卖些文具、饰品之类，老板是美国康涅狄格州一位磨坊主的儿子查尔斯·刘易斯·蒂芙尼（Charles Lewis Tiffany），虽然只是一家小店，但查尔斯却将它看作自己梦想开始的地方，他要让全世界都知道蒂芙尼。

蒂芙尼这个想法并不是痴人说梦，他天生就是一个商人，对机会的把握能力让人叹为观止。据说当年美国要更换一根破损的、穿越大西洋的电报电缆，蒂芙尼嗅到了其中的商机，找门路买下了这条电缆，并将它截成小段，作为一段历史的纪念品出售，赚了一大笔钱。还有一次，他买下了一块稀有的黄色钻石，是法兰西欧仁妮皇后曾经佩戴过的，在出手之前，他先在纽约举办了一个钻石展示会，不费吹灰之力就从各地的参观者手里赚得盆满钵满。

经过市场考察，蒂芙尼发现日益富裕起来的美国人开始注重审美需求，希望用珠宝来展示自己的社会地位，高档珠宝拥有巨大的市场潜力，而当时世界上最精致的珠宝都在欧洲。于是，他开始从各个渠道搜罗欧洲的贵族珍宝，当初简陋的小商铺也几经变迁，成了美国著名的高档珠宝商店——蒂芙尼珠宝首饰公司。

19 世纪中叶，美国历经南北战争后进入经济飞跃期。同时，欧洲

蒂芙尼
TIFFANY
传递幸福的青鸟

受革命浪潮的影响，贵族阶层动荡。尤其是法国，二月革命之后，国王路易·菲利浦一世的统治被推翻，大量贵族逃亡，蒂芙尼趁势在巴黎开设分店，搜罗到大量流入民间的皇室宝石。这些顶级珠宝在美国一亮相，新贵们便趋之若鹜，蒂芙尼也被纽约市媒体称为"钻石之王"。

1878 年，蒂芙尼以 1.8 万美金的价格，从南非著名的金伯利钻石矿收购了当时世界上最大的黄钻原石。这颗重达 287.42 克拉的稀世巨钻，被查尔斯带到巴黎，邀请声名显赫的宝石专家乔治·弗雷德里克·坤斯博士（Dr.George Frederick Kunz）亲自监督。经手工精心切割打磨成 128.54 克拉的精美枕形，拥有 82 个切面，比传统明亮式切割多出 24 个切面。这反映出蒂芙尼的理念：不仅仅追求钻石的克重，而且秉承至高的艺术追求，用最精湛的工艺，将钻石的色彩和光芒最大限度地展现出来。

这颗拥有熔金色彩的黄钻，经蒂芙尼加工后，发出火焰般的夺目光彩，成为世界顶级的钻石珍品，被命名为"蒂芙尼黄钻"（Tiffany Diamond），在各大珠宝博览会中享有盛誉。

1972 年 11 月 17 日，蒂芙尼在《纽约时报》上刊登了一则新闻，声称要以 500 万美金的价格出售未经镶嵌过的"蒂芙尼黄钻"，这也是唯一一次关于它的出售信息，但有效期不到 24 小时。大概因为时间太短，那些曾经争相询价的富豪们，都没有来得及把握住这次机会，把"蒂芙尼黄钻"收入囊中。

"蒂芙尼黄钻"曾四次被镶嵌在不同的作品上，其中最负盛名的两件出自蒂芙尼的专属设计师让·史隆伯杰（Jean Schlumberger）之手。其中之一是电影《蒂芙尼的早餐》的宣传海报上，奥黛丽·赫本佩戴的那款由白金和钻石打造，镶嵌着传奇黄钻的缎带项链，将锦缎的飘逸糅进珠宝设计，与赫本灵动的气质相得益彰，成为永恒经典。另一件是为 1995 年的巴黎装饰艺术博物馆回顾展所设计的"石上鸟"胸针。一只由 18K 金的底座镶嵌钻石而成的活灵活现的小鸟，"栖息"在"蒂芙尼黄钻"上，使珠宝富有了趣味和情感。

让·史隆伯杰是 20 世纪最伟大的珠宝设计师之一，被称为"珠宝诗人"，他从大自然中汲取创作灵感，设计无拘无束，星辰、飞鸟、花卉、海洋生物等元素，最终都通过举世无双的制作工艺，栩栩如生地呈现出来。

在他众多经典之作中，有一款 1961 年设计的手镯，在 18K 黄金上涂饰鲜艳色彩，以红、绿、蓝、玫瑰色和白色点缀，运用了 19 世纪的珐琅工艺，成为当时美国第一夫人杰奎琳·肯尼迪的至爱，她多次戴着它出席活动。这款手镯被命名为"杰姬的手镯"，受到众多名媛的追捧。

蒂芙尼的早餐

现在的电影中充斥的大量植入广告让人无比厌烦，但《蒂芙尼的早餐》却能将广告与剧情融合得天衣无缝。这部由布莱克·爱德华兹执导，由奥黛丽·赫本等主演的电影，讲述了拜金女霍莉的爱情故事，将蒂芙尼的品牌形象塑造得非常成功。即使忘记了电影的剧情，也会记得其中一个情境：蒂芙尼可以在戒指上刻字。

其实，《蒂芙尼的早餐》一书的原著作者杜鲁门·卡波特（Truman Garcia Capote）非常反对奥黛丽·赫本出演女主角霍莉·戈莱特利——那个充满"惊世骇俗的奔放以及纯洁的放荡感"的古怪社交少女。他心中的人物原型是玛丽莲·梦露，那个"世界上最性感"的女人，勾起人们的欲望，自身却像孩子一般纯真。而赫本却是"天使在人间"，她以出演《罗马假日》里超凡脱俗的欧洲公主角色走红，以高雅的气质深入人心。

然而梦露的经纪公司觉得出演一个"交际花"的角色，不利于维护她的形象。而刚生下第一个儿子的赫本，急于寻求事业的突破，接下了这个具有争议的角色。

这部爱情喜剧大获成功，在 1961 年上映后，赢得诸多奖项，其魅力经久不衰。2012 年，美国国会图书馆因为这部电影的文化、历史和美学意义，将其选入国家影片登记簿典藏。

故事讲的是乡下女孩霍莉到曼哈顿来谋生，她追名逐利，整日周旋在富商巨贾、政界名流之间，为赚取高额的交际费，她甚至不惜到监狱跟黑手党老大"社交"。直到楼下搬来新邻居——一位风度翩翩的男士，梦想有朝一日成为大作家。他的生活方式跟霍莉很像，依赖有钱太太的"馈赠"生活。这样的两个人在惺惺相惜中彼此吸引，坠入爱河，最终选择了平凡的相守。

《纽约时报》评价电影："将各种不同的元素，包括幽默、爱情、辛酸、俗语极好地融合在一起。"同时评价霍莉是"一个令人难以置

蒂芙尼

TIFFANY

传递幸福的青鸟

信的角色。不过，这个由赫本小姐饰演的角色极其迷人，是一个精灵般的流浪者，令人一见倾心"。

因此不管杜鲁门多么不情愿，也不得不承认，这部电影的风格和他的原著虽然相距甚远，却成为一部优秀的作品，并且一改他原著中苦涩的现实感，变成一个不折不扣的童话。

电影的开场一幕发生在纽约第五大道。这条位于曼哈顿岛中心地带的主干道从 34 街到 60 街被称为"梦之街"，云集了全世界的著名奢侈品牌。赫本穿着小黑裙，戴着假珠宝，拿着早餐袋，捧着咖啡，站在蒂芙尼的橱窗前心驰神往的样子，是电影史上的经典画面之一。而霍莉在剧中还有台词："我不想拥有任何东西，直到我找到一个地方，我和我喜欢的东西在一起。我不知道这个地方在哪里，但是我知道它像什么样子，它就像蒂芙尼。"然后男主角保罗问："蒂芙尼是那家高级珠宝店吗？"霍莉说，"是的，我为之疯狂。"

直到今天，品牌赞助电影，在其中插入广告，都是最高级的营销模式之一。商学院相关课程的案例分析中，总是绕不过电影《蒂芙尼的早餐》的名字。而这部电影中这样的场景和台词，无疑把蒂芙尼的品牌价值升华到了精神层面。观众会因为对角色的喜爱，而接纳她的"价值观"，可以说是最高明的广告植入。

蒂芙尼作为主角的梦想出现，而并不只是被使用的商标。你一定以为这是用巨额的赞助费换来的吧。但事实令人惊奇，无论是原著作者还是电影制片方，都没有收取任何赞助费。蒂芙尼只是借出了橱窗，封锁控制了街道上的人流和车辆，仅此而已。

杜鲁门·卡波特当年在寻找一个珠宝品牌代表女孩们的白日梦时，为什么在众多著名品牌中选中蒂芙尼？可能因为蒂芙尼是同期美国品牌中最具底蕴的一个，也可能有别的原因，已经不可考。他说蒂芙尼是"世界上最好的地方，在那里不会有坏事发生"。

蒂芙尼这种风格的文案跟许多强劲的竞争对手相比，独树一帜。它的产品范围广泛，包括许多生活小用品，在电影结尾，仅有十块钱的保罗想为霍莉买一件礼物，仍然可以在蒂芙尼选到一个电话拨号棒，还顺便免费为她带来的其他品牌的戒指刻了字。我们不否认电影有加工的成分，但这种温情，在奢侈品中是罕见的。

从早期升华"蓝色小礼盒"的含义到现在，蒂芙尼面向大众采用的宣传方式，都是将产品和情感故事相结合。比如在情人节时邀请明星夫妻或情侣，如网球名将李娜和姜山、陈可辛和吴君如等，讲述故事、情话，再加工成极具蒂芙尼风格的爱语。

"天空更适合仰望，而不是居住。"但奢侈品更适合使用，而不是高高在上，正是蒂芙尼传递出的信念。

有一种蓝，叫蒂芙尼蓝

西方旧时的歌谣说结婚的时候，要有"一点新，一点旧，一点借来的东西，和一点蓝色"（something old，something new，something borrowed，something blue）。在中世纪，蓝色也是圣母玛利亚披风的颜色，新娘们喜欢在婚礼中穿戴蓝色，认为蓝色的纯净优雅可以衬托出她们的矜持与高贵。

1878 年，蒂芙尼首次将一种蓝色使用在品牌珠宝目录的封面上，这种颜色最初被称为"勿忘我蓝"或者"知更鸟蛋蓝"。

知更鸟在西方文化中有许多象征意义，它的蓝色蛋常用来比喻幸福。美国杰出作家菲茨杰拉德的代表作《了不起的盖茨比》中，盖茨比纸醉金迷的生活就被他的司机形容成"就像知更鸟的蓝色蛋一样"。

而知更鸟的习性中非常忠贞的特质，也隐含着一个幸福的公式，因为人人都希望遇到忠诚的伴侣，走向美满的婚姻，组建和睦的家庭。而蒂芙尼的珠宝、礼物，则会成为这份幸福的信物和证明。

在蒂芙尼的广告中，就使用过这样的创意：蓝色的蛋壳裂开，里面是精工细作的钻石订婚戒指。

蒂芙尼所使用的正是较浅的"知更鸟蛋蓝"。这种介于蓝色和绿色之间的微妙颜色被广泛使用到包装、广告，以及各种宣传资料上，逐渐变成蒂芙尼的品牌象征，后来这种蓝色被称为"蒂芙尼蓝"。人们只要看到这种蓝，就会想到蒂芙尼。

也有说法称查尔斯·蒂芙尼选择这个颜色，是因为 19 世纪珠宝界绿松石的流行。当时的欧洲贵族很喜欢送绿松石给未婚妻，因为它的颜色会从蓝变绿，男人们相信这种绿松石可以检验女性的忠贞，当然

蒂芙尼
TIFFANY
传递幸福的青鸟

这种说法并没有科学依据。不过绿松石的确是维多利亚时代新娘们的最爱，她们将其镶嵌成各种造型的胸针，送给婚礼的来宾。

在此后不到 10 年的时间中，蒂芙尼又推出独创的六爪镶嵌式订婚钻戒，这款戒指作为主打商品推向市场后，掀起热潮，装它的蓝色小礼盒也迅速风靡起来，甚至将其他的东西放进蒂芙尼的蓝色小礼盒中，魅力都会大大增加。

后世不断有营销管理方面的书籍和研究者，大大称赞蒂芙尼包装和产品的完美结合。哥伦比亚大学商学院教授伯德·施密特（Bernd H. Schmitt）就在他 1999 年出版的《体验式营销》（*Experiential Marketing*）一书中写道："不止一次有顾客在送礼物的时候，把其他品牌的东西放到蒂芙尼的盒子里，来提高礼物的档次。"

针对这种现象，颇具商业头脑的蒂芙尼做出了一项举措：只有购买蒂芙尼的产品才能得到蓝色小礼盒。蒂芙尼公司严格规定，印有公司名称的空盒子不可带出公司。

1906 年的《纽约太阳报》则这样报道："蒂芙尼只有一样非卖品，即使你花再多的钱也无法购得，它们只能送给你，那就是蒂芙尼的蓝色礼盒。"

这一举措大获成功，蒂芙尼蓝色礼盒的影响力一再攀升，成为史上最具辨识度的包装。

在拍摄电影《蒂芙尼的早餐》时，蒂芙尼不仅首次在周日开业，还特别增派了排列长达 40 米的武装警卫，来防止小蓝盒被盗。

　　小蓝盒作为蒂芙尼的象征，除去颜色，细节的设计也颇精致，平日里饰以纯净优雅的白色缎带，在节日时分会改成红色。纸盒上的商标名称采用 Baskerville Old Face 字体压印。纸盒和包装用纸则全部由潘通（Pantone）公司为蒂芙尼专门生产。

　　1998 年，出于知识产权的保护，蒂芙尼将这种经典蓝色注册为国际通用标准卡色——潘通配色系统（Pantone Matching System）的第 1837 号。这个色号的命名也正是蒂芙尼的创始年份。

　　随着联邦政府正式发文，"蒂芙尼蓝"成为注册颜色商标，系着白色丝带的小蓝盒也被注册了。除非蒂芙尼公司授权，在商标注册地美国，不可以随意印刷 1837 号潘通色。蒂芙尼的旗舰店在纽约的第五大道，但包装盒都是从潘通公司的总部新泽西运来。

　　"蒂芙尼蓝"深入人心，蒂芙尼的设计师干脆直接将这种蓝色运用到多款珠宝上。2014 年，推出的一款珐琅银纸吊坠，即是系着白色缎带的蓝色小礼盒样式。

蒂芙尼的设计创举

　　在蒂芙尼之前，还未曾有珠宝品牌如此完美地将各种色彩和材质创造性地融入高级珠宝的设计中。第二代掌门人路易斯·康福特·蒂芙尼

蒂芙尼
TIFFANY
传递幸福的青鸟

（Louis Comfort Tiffany）是装饰性玻璃制作方面的天才。从父亲那儿接手公司之前，他在巴黎接受艺术教育，当时的欧洲正在兴起新艺术运动，路易斯·蒂芙尼浸淫其中，受到非常深刻的影响。随后，他开了一家专门制造嵌花玻璃的公司，出产彩色玻璃窗和灯具。他那些新艺术运动风格鲜明的玻璃作品，至今仍出现在博物馆和拍卖行中，且价值不菲。

路易斯·蒂芙尼接手公司后，不仅负责行政事务，还担任艺术总监。他将嵌花玻璃、马赛克嵌画、铜器、陶瓷等材料都运用到珠宝设计中，形成了独特的新风格。

他排斥维多利亚时代的繁复华丽，任用的设计师都带有非常鲜明的新艺术运动创作风格，利用新材料，使用不对称性、波浪形和流动的线条，这些线条也大多取自自然界中的葡萄藤、昆虫翅膀、花梗等线条形的物体。

在这期间，蒂芙尼的品牌设计理念也逐渐奠定：简洁鲜明的线条，凝聚和谐的自然之美。这种首饰设计风格相较于法式的华贵，显得更超然明快，与美国的气质相得益彰。

此后蒂芙尼虽不断推陈出新，但设计上从不迎合所谓的流行，而是始终秉承对设计经典度的追求。运用和谐的比例和线条，摒弃矫揉造作，使它的艺术风格用精益求精的工艺得以世代流传，凌驾于潮流之上。

在蒂芙尼旗下的著名珠宝设计师中，帕洛玛·毕加索（Paloma Picasso）是不能绕开的名字。她的父亲正是 20 世纪现代艺术的主要代表人物，艺术大师毕加索。她设计的"Zellige"系列，灵感来源正是其父位于摩洛哥的一幢拥有几世纪历史的别墅墙上的马赛克图案。她也热爱旅行，少年时代威尼斯的游玩记忆，水城的宫廷式建筑、运河和广场，古根海姆博物馆所使用的装饰铁艺都融入了她的设计中，使作品充满情趣和温度。用色大胆而造型夸张，极富民族风情，是帕洛玛标志性的设计风格。她 1980 年开始担任蒂芙尼专属设计师，还曾经亲自上阵拍摄过广告。

早在 1886 年，蒂芙尼就发明了新的镶嵌技术，推出了"Setting"系列钻戒——六个较长铂金爪紧紧扣住一颗圆形的钻石。

这种镶嵌法比四爪更为稳固，跟传统采用的六爪相比，最重要的区别是"刀锋"的轴和爪子的设计，使用更少的金属，让更多的光线进入钻石，使钻石的光芒得到全方位折射。这种"六爪镶嵌法"到现在仍然是世界上最流行的婚戒镶嵌法，相比传统的包镶、密镶、钉镶等手法，造型更为简洁大方。

虽然市面上有很多类似的款式，但"蒂芙尼造型"的设计拥有它自己的注册商标。且作为极少数由珠宝零售商运营的宝石评定机构之一，蒂芙尼宝石鉴定室对这些顶级钻石采取严谨的评估鉴定，皆高于 4C 标准（颜色、净度、切工和克拉重量），能够达到蒂芙尼严苛标准的钻石不足 2%。

除此之外，现在大家熟悉的 925 银，也是出于蒂芙尼的技术改进。银这种材质是首饰上惯用的金属材料，蒂芙尼的礼品系列中，餐具、相框等也都采用银制。但足银的缺点是过于柔软、容易氧化，不

蒂芙尼
TIFFANY
传递幸福的青鸟

容易成型，因此当时的各家珠宝行都在制作银饰时掺杂进分量不一的其他金属，比如铜、锌、镍等。

蒂芙尼经过反复试验发现了最完美的比例，即在纯银中加入 7.5% 的铜，得到含银量为 92.5% 的银，这种银不仅在亮度、光泽度和抗氧化性上大幅提升，其硬度对镶嵌各类宝石也最为适中。蒂芙尼公司用这种银加工制作的那些色泽光鲜、工艺精美的银饰品，在众品牌中脱颖而出，在伦敦、维也纳等地举行的世界博览会中获得多项大奖和大量订单，"925 银"也被全世界的生产商广泛采用，成为国际公认的制作标准。

纵观蒂芙尼的设计史，一个又一个经典层出不穷，从稀世黄钻到订婚戒指，无一不体现着艺术家的才情与精湛工艺的完美结合。任何一种类型的顾客都可以在蒂芙尼找到心仪的首饰和礼物，将蒂芙尼式的美好携带珍藏。

03

Cartier

Since 1847

卡地亚
CARTIER

:

高贵优雅的猎豹

品牌创始人：

路易-弗朗索瓦·卡地亚

品牌诞生地：

法国巴黎

品牌总部：

法国巴黎

品牌历史：

1847年，卡地亚品牌由路易-弗朗索瓦·卡地亚在法国巴黎蒙特吉尔街29号创立。19世纪中期开始闻名世界，一直与各国的皇室贵族和社会名流保持着密切的交往。1899年，卡地亚迁址和平街，该地是巴黎权贵聚集之所。卡地亚的主要产品是珠宝和腕表，还包括香水、手袋、太阳镜等。

历代掌门人：

路易-弗朗索瓦·卡地亚是品牌创始人；1874年，其子阿尔弗雷德·卡地亚继承管理权；孙辈的路易·卡地亚、皮埃尔·卡地亚与雅克·卡地亚接手后，卡地亚得到迅猛发展。之后，博纳德·弗纳斯、斯坦尼斯拉斯·阁仕先后担任卡地亚全球总裁兼首席执行官。现任总裁是西里尔·维涅龙。

皇帝的珠宝商

在有关皇室的传奇中，总离不开权力、美人和艺术。让我们把时间倒回那个贵族世袭的年代，在光彩夺目的冠冕上，在美人的鬓角和颈间，都能看到精雕细琢的宝石，代表威仪，托衬美貌。而卡地亚的宝石尤其受到皇室的垂青。

19 世纪中期，卡地亚的传奇拉开序幕。1847 年，29 岁的路易 - 弗朗索瓦·卡地亚（Louis-Francais Cartier）从师傅那里接手位于巴黎蒙特吉尔街 29 号的珠宝工坊。他以自己名字的缩写字母 L 和 C 环绕成心形组成一个标志，注册了卡地亚公司。这家珠宝工坊在创立之初就有着"仅服务于专属客户"的严格定位。

当时的法国，动荡刚刚结束，巴黎逐渐恢复了"时尚之都"的繁华，珠宝业愈发繁荣。艺术大臣的妻子纽威柯克〔Nieumerkerke〕伯爵夫人经常光顾卡地亚当时在法国皇宫附近的小店，还将之推荐给了玛蒂尔德公主（Princess Mathilde）和欧仁妮皇后（Empress Eugénie）。据说前者定制了两枚蝴蝶胸针，后者定制了一套茶具。

在当时的社会情况下，珠宝品牌的发展非常依赖这些世界上最具权势和最富有之人的口口相传，互相引荐。处于起步期的卡地亚也不例外，但当时的卡地亚虽然已有皇家御用品牌的雏形，但还远未达到一件接一件创造绝世作品的鼎盛时期。

随着声望的水涨船高，1899 年，卡地亚迁址到和平街 13 号。这条街是根据拿破仑一世的命令，于 1806 年开始建设的，南起芳登广场，北至巴黎歌剧院，是世界上最时尚的购物街之一、巴黎的奢华购物中心，许多著名品牌入驻于此。迁址将卡地亚的名望推向了一个新的高度。

直到 21 世纪的今天，卡地亚总店仍位于此，在这家百年老店里，处处烙印着历史的痕迹：各个国家、各种语言文字的委任状和名人画像挂在那里，昭示着深厚的历史积淀。

1904 年，威尔士亲王，也就是后来的英国国王爱德华七世授予卡地亚作为英国宫廷供应商的一等供货许可证，并称卡地亚为"皇帝的珠宝商，珠宝商的皇帝"。这句话恰如其分地显示了 20 世纪初以来，卡地亚与各国皇室及王公贵族的关系，也成为卡地亚品牌沿用至今的风格隽语。

同年，卡地亚的第三代掌门人皮埃尔（Pierre Catier）和路易（Louis Catier）首次访问俄国，并得到俄国皇室和贵族的青睐，到 1939 年，俄国皇室委托订单接踵而至。

1920 年，卡地亚为巴提亚拉邦王公制作了礼服项链，镶嵌有 2930 颗钻石，总重逾 1000 克拉。还为卡普塔拉邦王公定制了新式镶嵌头巾装饰。此外，西班牙、葡萄牙、希腊、比利时、意大利、摩纳哥、罗马尼亚、埃及、泰国、塞尔维亚等国的皇室贵族，都与卡地亚有密切的往来。

卡地亚的世界版图之所以如此广袤，很大程度上得益于第三代掌门人们出色的外交技巧和商业手段。三兄弟在环球旅行中，将不同国家的文明和独特的情调融入他们的作品。

岁月流逝，曾经显赫一时的贵族最终成为历史进程上的一段回忆，曾经笑谈风月的上流阶层聚会已是散去的宴席，曾经声名显赫的美人儿们只剩下褪色的黑白照片，唯有卡地亚依然闪耀。

2011年4月29日，凯特·米德尔顿佩戴伊丽莎白二世女王借给她的新月形卷轴冠冕，和威廉王子举行了世纪婚礼。这顶冠冕是卡地亚在1936年为女王的母亲，当时的约克公爵夫人定制的。作为伊丽莎白公主18岁的生日礼物，母亲将这顶冠冕传给了她。这顶冠冕名为"光环"，因竖直戴在头顶时会形成光环形状而得名。

卡地亚在珠宝史上留下的印记，如同一篇恢宏的史诗。时代的脚步不曾停歇，卡地亚也将带着"皇帝的珠宝商"这个最重要的标签，走得更远。

美女与猎豹

猎豹——卡地亚的图腾，自问世以来便显示出非凡的格调，与一般女性珠宝上镶嵌的蝴蝶、花朵不同，它时而飞奔，时而匍匐，时而高傲，时而诱惑，反映了时代的精神，成为卡地亚的经典标志，时至今日仍被不断演绎，折射出世间万象。

1914年，卡地亚猎豹首次亮相在一款手链式腕表上，用镶嵌技法惟妙惟肖地表现出精美的猎豹花纹。这种黑白相间的猎豹图腾开创了斑点图案珠宝的先河，引领了崇尚对比的装饰艺术风潮。同年，路易·卡地亚委托法国插画师乔治·巴比耶，创作了一幅名为"淑女与猎豹"的水彩画。在这幅画作中，乔治·巴比耶用一种优雅的风格，描绘了一名发髻高高挽起的年轻女子，她身着一条保罗·波瑞设计的皱褶长裙，向大家展示手中的珠宝，她的脚下匍匐着一头黑色的猎豹。这幅绘画作品被用在品牌展览的邀请函上，随后，又登上了卡地亚品牌的广告宣传画。这一系列的亮相将猎豹图案展示给公众，成为卡地亚的装饰元素之一，但由于当时技术的局限，猎豹图案还仅限于平面图样。

这时，出现了一个即将改变猎豹命运的女人——贞·杜桑（Jeanne Toussaint）。这位后来被人们称为"猎豹女士"的传奇人物在1933年进入卡地亚公司，担任高级珠宝部总监一职，她个性自由独立，对猎豹的形象钟爱有加，据说在她公寓的地板上，就装饰有瑰丽的猎豹皮地毯。

猫科动物轻盈而优雅，自在又神秘，温柔可人又仿佛遗世独立，常常被视作女人的象征。贞·杜桑就是一位具有如猫科动物般优雅自在的天性，又具有开拓精神的女人，她的个性给卡地亚的创作带来了深刻影响。虽然猎豹也属于猫科，但是捕猎速度飞快的肉食性大型野生动物向来很少被用来形容女性，卡地亚首开先河，以猎豹来体现女性的气质，这种独特的方式很快令卡地亚在众多品牌中脱颖而出。从粉盒、香烟盒、化妆盒，到手镯、项链、胸针等珠宝饰品，处处可见猎豹的优雅身影。猎豹是梦想与渴望的象征，也代表一种征服和超越的精神。"隽永恒久、勇敢无畏"，越来越多的女性乐于被这样的词汇所赞美。

猎豹系列并没有就此止步，它还要更多的自由。这时，它遇到了生命中的第二个贵人——艺术家和设计师彼得·勒马尚（Peter Lemarchand），他的出现将这头猎豹彻底解放出了二维世界。在第二次世界大战之后，勒马尚摒弃了传统的平面设计理念，运用流线型设计和自然的绘图，尝试将平面刻画转变为三维立体造型，并在1949年取得了成功。

这时的猎豹已经被赋予了生命，每只猎豹都要根据造型的不同调整双眼的比例和位置，来表现猎豹的性格，猎豹的耳朵内部被抛光，外部则采用铺镶，它身上的斑点有时多有时少，背部隆起的斑点因张力的作用显得较大，身体两侧的斑点则比较小，身形更为立体，猎豹表面的宝石呈多边形、三角形或菱形，都按照动物的肌肉组织精心设计，营造出一种透视和流动的效果，充满艺术与生命的张力。

1952 年，温莎公爵夫人定制了一款以缟玛瑙和钻石镶嵌的猎豹造型珠宝。经过反复设计，最终交给公爵夫人的是一个猎豹造型的活动手链，它流线型的身体乖巧地缠绕在公爵夫人的手腕之上，就像是累了在此休憩，让坚硬的钻石也显得无比柔软。从此，野性十足的猎豹彻底被卡地亚征服了。

蓝气球带来的灵感

制表，也是卡地亚品牌的一个重要组成部分。从 1874 年起，卡地亚的记录中就已经出现了大量珠宝表和怀表，装饰这些华贵钟表的缟玛瑙、珍珠和珐琅图案，与卡地亚珠宝作品的设计风格相似。1904 年，卡地亚为飞行先驱阿尔伯特·桑托斯·杜蒙创作了"桑托斯"腕表，这款腕表的外形极具现代感，拥有能平衡功能与美观的完美设计。1917 年，灵感源自军用坦克的卡地亚现代制表史中的标志性腕表"坦克"问世，这款腕表拥有简洁的线条以及与表壳完全融为一体的垂直表耳，轰动一时。此后，"桑托斯"和"坦克"成为卡地亚品牌的两大标志性腕表。

卡地亚出品的造型腕表同样令世人瞩目，不论是 1908 年出品的弧线优美的"塔诺"腕表和"龟壳"腕表，还是后来的"贝瓦"腕表，它们的表壳无不拥有独特的曲线与别致的风格，彰显了卡地亚制表工艺对美学极致严苛的追求，同时不乏精细和严谨。腕表和珠宝互相汲取养分，诠释着卡地亚的梦幻与经典。

人类是从什么时候开始有飞行梦想的？其实与其说飞行是一种梦想，不如说对飞行的渴望是人类的原始本能，它时时刻刻潜藏在人类的内心深处，是最久远最热切的渴望之一。有关飞行的各种神话传说在世界各民族传统文化中广泛存在，人们想象出很多"脑洞大开"的飞行方法，哪吒脚踩风火轮，孙悟空一个跟头十万八千里，嫦娥偷吃仙丹孤独奔月，以及阿拉伯的飞毯、骑着扫帚的巫婆，等等。人类对飞行的探索从未停止脚步。

1783 年 9 月 19 日，法国国王路易十六携王后玛丽·安托瓦内特率大批文武官员来到凡尔赛广场，十多万巴黎市民也涌入广场，什么样的盛事能让巴黎如此沸腾呢？就在当天上午 10 点，一只绣有金色图案并带着一头羊、一只鸭子和一只公鸡的蓝色热气球在国王路易十六及众人的惊叹声中徐徐升起，总共飞行了 8 分钟之久。这就是由当时在法国里昂从事造纸业的蒙戈菲尔兄弟发明的著名的"蒙戈菲尔热气球"，它承载着人类的飞行梦想，象征着人类绵绵不绝的力量和勇气，以及想要挣脱地球引力的束缚愈飞愈高的渴望，而这正是卡地亚腕表——"蓝气球"被赋予的深刻含义所在。

有人说美丽的女人分三种：第一眼、第二眼和第三眼美女，卡地亚的"蓝气球"就是"第二眼、第三眼美女"。罗马数字、格纹表盘、剑形指针、18K 金表带，拥有众多卡地亚元素的"蓝气球"系列腕表给人的第一印象似乎并没有什么特别，但仔细一看，其中却大有乾坤——凸圆表镜旁边的美丽蓝宝石，向开创历史的蓝气球致敬；而其外沿的贵重金属护弓，则如同保护神秘蓝宝石的护卫。在这里，单向线性的时间像照哈哈镜一样产生出奇妙的"变形"效果：拱形蓝宝石水晶镜面中的数字被放大；表冠的独特造型使圆形表面的罗马数字也偏离了常规轨道，让"圆"不再是"圆"；流线型的三维表壳，正面与背面都是浑圆的弧形，佩戴时好像悬浮于腕间，整个"蓝气球"仿佛已然挣脱了地心引力的束缚，自由而灵动，悠闲地游移于过去和未来之间，带着璀璨的光辉，照亮了人类不断向前的飞行梦想。

"如果想要了解一个民族的精神，先要去阅读他们的悲剧；如果想要了解一个民族的生活，就要去阅读他们的喜剧。"幽默是流淌在法国文化中的血液。2008 年，在"蓝气球"系列全球发布的时候，卡地亚特别邀请了七位世界著名的漫画大师为"蓝气球"作画。大家都知道，热气球是皮克斯出品的著名动画《飞屋环游记》中的一个主要设计，圆滚滚、色彩丰富、讨喜的热气球深受动画世界的青睐，卡地亚腕表系列选择用漫画来诠释"蓝气球"腕表，也反映出这个百年品牌背后的幽默气质。这些久负盛名的艺术家用充满活力的遐想表达了对"蓝气球"系列腕表的不同理解，有人用穿越时空的惊险之旅描述心灵成长的历程，有人以诙谐的风格探讨蓝宝石

的神奇魔力，还有人告诉我们，那颗蓝宝石是掌控时间运转的力量
源泉。

从皇室走向大众

1956 年，格蕾丝·凯利嫁给摩纳哥亲王兰尼埃三世，成为王妃，
随即息影未再复出。无人不渴望成为佩戴卡地亚珠宝的贵族，而婚
姻，是阶层上升最便捷的渠道。这一年的 4 月 18 日，格蕾丝·凯利佩
戴一顶由卡地亚创作的钻石和红宝石制成的冠冕，与摩纳哥亲王前往
蒙特卡罗歌剧院举行了婚礼。凯利的订婚戒指亦是卡地亚定制——简
洁的钻托上镶嵌一颗重 10 克拉的祖母绿切割钻石。

随着君主制的瓦解，议会、国会，以及政党的权力不断增强，皇
室奢靡的生活受到纳税人质疑。在这种背景下，所有以皇室和王公贵
族为目标客户群的奢侈品牌，都不得不开始调整策略。

对于卡地亚来说，如何既保留"皇帝的珠宝商"的美誉，在不降
低格调和品位的前提下扩展业务，就成了很重要的问题。

事实上，早在 1909 年，年轻的卡地亚三兄弟就嬉笑着把一张世
界地图扯成三块，立下豪言：长大后要在自己的那块"领地"上，把
家族品牌发扬光大。

19世纪末到第一次世界大战爆发前的这段时间，被称为巴黎的"美好时代"，卡地亚品牌也发展到了一个高峰。长子路易被视作卡地亚的灵魂人物，他是才华横溢的设计师，也是精明的商人；雅克（Jacque）在伦敦开拓业务；皮埃尔则负责开拓纽约市场。

1917年，卡地亚纽约店铺迁至第五大道653号。相传此处宅邸原为莫顿·普朗特所有，由皮埃尔·卡地亚以一条分别有55颗和73颗天然珍珠的双串式珍珠项链交换而得。

同年，卡地亚纽约珠宝工坊建成，被命名为"American Art Works"。

在美国，卡地亚的名字出现在歌手们的歌词中，与名利金钱一起成为"美国梦"的一部分。在美国这片没有丝毫皇室烙印的土地上，来自新世界的富商、金融业人士，还有明星，纷纷成为卡地亚的忠实拥趸。在他们看来，成为卡地亚的客户，是触摸皇室传奇的方式。

1969年，理查德·伯顿从卡地亚珠宝公司购得一颗69.42克拉的梨形巨钻赠予伊丽莎白·泰勒作为结婚礼物。

伊丽莎白·泰勒一生共经历了8次婚姻、7位丈夫（其中与理查德·伯顿有过两次婚姻）。她是著名的珠宝收藏家，而在她的收藏中最有名也最浪漫的就是这颗轰动一时的"泰勒-波顿钻石"（Taylor-Burton Diamond）。这枚钻石产于南非，后经转手以100万美元的价格拍出。而伯顿在拍卖第二天以106.9万美元的价格从卡地亚手中买下。1970年，泰勒佩戴它出席了奥斯卡颁奖典礼。

这时的卡地亚已经不再将自己只定位于皇室珠宝商。在瞬息万变的奢侈品市场上，卡地亚成功地发掘出更为广阔的客户群。

直到21世纪的今天，走进全世界大多数国家主要城市的高档商区，都可以看到卡地亚的门店和柜台。从皇室到名流新贵，再到中产阶级，卡地亚有两个重要的转折点：一是皮埃尔·卡地亚在纽约的业务拓展；二是1964年，卡地亚三兄弟的子女决定出售卡地亚的业务。

1972年，外来资本的投入正式打破了多年的家族经营模式，投资者首先收购了巴黎卡地亚，并在1974年和1976年先后收购了卡地亚在伦敦和纽约的业务。在1979又重新合并为Cartier Monde，管理卡地亚在全世界各地的业务。

目前卡地亚属于瑞士历峰集团（Richemont Group），该集团由南非亿万富豪安顿·鲁伯特于1988年建立，是目前世界上第二大奢侈品集团，排名在酩悦·轩尼诗-路易威登集团和开云集团之间。

历峰集团旗下有诸多如雷贯耳的世界级奢侈品牌，它使卡地亚脱离了家族式运营，而成为一个多元化的国际品牌。卡地亚大张旗鼓地在世界各地开设旗舰店和专卖店，使具有较高消费能力的新富阶层成为卡地亚的主流消费群体。同时保留品牌底蕴，依旧受到上流社会的追捧。

卡地亚
CARTIER
高贵优雅的猎豹

　　为什么卡地亚家族要出售家族生意？说法之一是 20 世纪 70 年代中期，历峰集团的总裁鲁伯特在纽约遇到了卡地亚公司一位股东的女儿，得知卡地亚当时的财务状况不佳，正在寻求新的投资，鲁伯特于是趁机收购了大量股份；也有说法是因为卡地亚家族第四代的继承人们，有一些经营理念上的分歧，有的人选择了从事金融业，走上了一条与珠宝业毫无关系的职业之路。

　　"要在新世界中存活下来就必须做出改变。谁也无法预测未来如何，至少当时在他看来是正确的决定。"书写家族传奇的卡地亚家族直系后裔弗朗西斯卡·卡地亚·布里克（Francesca Cartier Brickell）女士这样评价祖辈的商业决策，而她的生活目前就是旅行、研究、写作、演讲，游历纽约、巴黎、孟买等地，探寻有关卡地亚家族的资料。

　　目前看来，尽管经营模式改变，卡地亚的奢华品质并没有打折扣，依然保持着高贵的格调，同时使更多的人得以享受到它曾经为皇室服务的顶级工艺和品牌魅力。

　　匠者，技也，积年累月的磨砺方能成其精。艺者，魂也，唯意态情感的共鸣才能得永存。1984 年，卡地亚成立了卡地亚当代艺术基金会，致力于在全球范围寻找原创性当代艺术作品，资助当代艺术家的创作、交流与展示，将卡地亚的创新精神和对艺术的执着追求彰显到极致。它的创办还使法国政府专门通过了一项让商业性赞助合法化的全新法令，对商业与艺术的结合起到了前所未有的推动作用。

　　在法国，除了文化部和蓬皮杜文化艺术中心这样的国立大机构以

卡地亚
CARTIER

高贵优雅的猎豹

外，卡地亚基金会的当代艺术品收藏规模是最大的，涵盖当代艺术的所有领域，包括设计、摄影、绘画、影像、时尚和表演等。基金会表现出了在当代艺术上的造诣与立场，严谨有度，兼容并包，体现了一个从皇室走向大众的古老品牌的格局和视野。

04

B
BOUCHERON
PARIS
Since 1858

宝诗龙
BOUCHERON

：

令人迷醉的欲望

创始人：

弗莱德里克·宝诗龙

品牌诞生地：

法国巴黎

品牌总部：

法国巴黎

品牌历史：

宝诗龙是法国开云集团的珠宝公司。1858年，年仅28岁的珠宝设计师弗莱德里克·宝诗龙设立了以自己名字命名的品牌，之后他在巴黎高级时尚中心皇后区大街开了一家珠宝店。1893年，宝诗龙迁往巴黎芳登广场，成为首批入驻的珠宝品牌之一。1900年，宝诗龙在法国万国博览会上，一鸣惊人，获得了"胆识过人、战绩彪炳的冠军，总是令人目不暇接、甘拜下风，整个珠宝界应以它为荣"的评语。到现在，宝诗龙已经拥有150余年历史，成为一个国际化品牌，获得各类人士的青睐。

历代掌门人：

弗莱德里克·宝诗龙是创始人。1902年，路易·宝诗龙继承了家族事业，成功在纽约和伦敦等地建立了分店。20世纪中叶，第三代接班人杰拉德·宝诗龙在北美洲、南美洲和中东等地举办了一系列的展览，大大提高了品牌的知名度。1971年，阿兰·宝诗龙接掌家族事业，将宝诗龙的精品店开到了日本，被日本人称为"世界上最好的装饰家"。

芳登广场 26 号

1858 年，一个 28 岁的年轻人在巴黎的时尚中心皇后区大街，开设了以自己名字命名的珠宝店，他就是弗莱德里克·宝诗龙（Frederick Boucheron）。弗莱德里克·宝诗龙生于 1830 年，从小跟随珠宝大师儒勒·蔡泽学习，经过 14 年的学徒生涯，宝诗龙对珠宝有了独特的见解和品位，他的设计十分细腻精巧，又敢于掌玩不对称性，深受贵族名流的喜爱。

彼时的法国，正处于珠宝业发展的高峰时期，上流社会的社交活动丰富，贵族们在各种聚会中争奇斗艳，珠宝是不可或缺的装饰物。那时候做珠宝的商人不少，但是开设珠宝商店的却不多，弗莱德里克·宝诗龙将第一家店铺开在了位于卢浮宫附近的巴黎高级时尚中心"皇宫区大街"，这个选址是极具商业眼光的，因为这条街道上的大多数店铺都是服务于皇室和富人的。宝诗龙始终保持高级珠宝精湛的制作工艺和独特大胆的设计，征服无数顾客。

1859 年，宝诗龙推出了首款腕表，此后，腕表成为宝诗龙品牌的重要产品线，并以出众的艺术价值和独特性闻名。1893 年，宝诗龙为寻找商机，拓宽市场，将店铺的选址目标瞄准了巴黎的芳登广场。芳登广场是来到巴黎的游客必去之处，除了来这里一睹矗立在广场中心 44 米高的铜柱顶端的拿破仑雕像以外，卡地亚、梵克雅宝等享誉世界

宝诗龙
BOUCHERON
令人迷醉的欲望

的珠宝品牌聚集于此，这里也被称为"巴黎的珠宝箱"。宝诗龙是首批在芳登广场开店的珠宝品牌之一，店址所在的芳登广场 26 号，是广场中光照最充沛的转角，而当时住在它楼上的，是拿破仑三世曾经的情妇——卡斯蒂丽欧伯爵夫人。这位美貌的伯爵夫人生于 1837 年，风华绝代。这位美人在拿破仑三世的堂妹马蒂尔德公主的引荐下与拿破仑三世相识，当时已经结婚生子的她还不到 20 岁，后来成为拿破仑三世的情妇。3 年后，伯爵夫人因为一系列变故搬离了巴黎，数年后才返回旧地。

　　1870 年，法兰西第二帝国瓦解之后，伯爵夫人过起了与世隔绝的生活，并于 1878 年入住芳登广场 26 号的二楼，而她的性情也开始变得极为古怪，终年以黑色布置起居并将镜子以黑布掩盖，在夜幕低垂时才偶尔戴着神秘的面纱出门。据说极少有人见过她晚年的容貌，她也因此被称为"黑暗中的神秘女人"。伯爵夫人与宝诗龙的创始人关系密切，她神秘而浪漫的情史为弗莱德里克·宝诗龙提供了许多灵感，成为他创作上的缪斯女神。伯爵夫人也是宝诗龙最重要的客人之一。与这位名媛的关系，为宝诗龙增添了不少神秘的色彩。最终，伯爵夫人将她的寓所半卖半送地转给了宝诗龙。1893 年，随着宝诗龙的进驻，芳登广场 26 号变成了一个光芒四射的珠宝殿堂。如今，宝诗龙的总店仍然坐落在芳登广场 26 号，"26"也成为对宝诗龙具有特殊意义的数字，在其很多经典作品中出现过。

　　芳登广场的宝诗龙珠宝店从诞生时就有着奢华的风格，用各种

宝诗龙

BOUCHERON

令人迷醉的欲望

独特的纺织物和昂贵的灯饰将店面装饰得绚丽多彩，店内的水晶烛台和天鹅绒布料，华丽典雅，奠定了宝诗龙品牌的风格基调，一开业就吸引了不少尊贵的顾客。弗莱德里克·宝诗龙打破了将珠宝首饰简单平放在橱窗中的传统，设计出垂直立体地展示高级珠宝的方法，店内的珠宝都被各种胸像所佩戴，人们能够更直观、更清晰地感受珠宝的魅力。

除了大胆创新的设计，宝诗龙对于宝石的执着也是品牌成功的重要原因。1887年，在巴黎卢浮宫举办的世界著名的珠宝拍卖会上，弗莱德里克·宝诗龙在这场当时被称作"世纪之拍"的盛事中，作为列席的全世界珠宝巨头中唯一的法国人，一举拍得最著名的两颗"马萨林"钻石，这两颗钻石是来自法国王冠上的宝石，分别重18克拉和16克拉。疯狂的竞拍中，他还拍得欧仁妮皇后最美的钻石之一。事实上，弗莱德里克·宝诗龙购下这颗钻石是为了镶嵌一枚戒指，赠送给他的妻子加布利埃尔，来表达他永恒的爱。自此，宝诗龙成为代表真心挚爱的珠宝商。

1876年到1902年，一位名为玛丽·路易丝·麦凯（Marie Louise Mackay）的小姐成为宝诗龙的忠实顾客，她伴随着宝诗龙一起成长，宝诗龙的顾客预订簿中，玛丽·路易丝·麦凯这个名字出现的次数多达102次。在宝诗龙最惊人的创作中，便有来自这位富有的美国女士的定制。其中一条为她定制的蓝宝石项链使得宝诗龙在1900年的巴黎万国博览会中获得最高大奖，这款项链中央装饰有一颗重

159 克拉的克什米尔蓝宝石。宝诗龙获得如下评语："胆识过人、战绩彪炳的冠军，总是令人目不暇接，甘拜下风，整个珠宝界应以它为荣。"

1902 年，品牌创始人弗莱德里克·宝诗龙去世，他的儿子路易·宝诗龙（Louis Boucheron）继承了家族的事业。他继承了父亲在珠宝设计上的天赋，并在纽约和伦敦建立了分店。他还尝试了更大胆的组合，将珊瑚、黑玛瑙、青金石和玉这些看似无法组合在一起的元素组合在一起，用天马行空的想象力设计出令人惊叹的作品，使宝诗龙的创作始终保持着华丽鲜明的风格。第三代接班人杰拉德·宝诗龙（Garrard Boucheron）接手品牌后，在南美洲、北美洲和中东地区举办了一系列展览，让品牌闻名于世界。1971 年，阿兰·宝诗龙（Alain Boucheron）接掌家族事业，将宝诗龙的精品店开到日本，被日本人称为"世界上最好的装饰家"。

大胆独特的新艺术风格

新艺术运动发端于 19 世纪末，并于 20 世纪初在欧洲和美国产生了前所未有的影响，波及的领域包括雕塑、绘画、建筑、家具、首饰、服装、平面设计，等等。

时代更迭，当珠宝被矫饰繁复的维多利亚风格影响了半个多世纪后，新艺术运动在欧洲大陆兴起，艺术家们疯狂地想要亲近自然、赞颂自然，让自己的精神挣脱枷锁，开始一场不顾一切的冒险之旅。新艺术运动的先驱们认为自然中没有完全的平面，他们开始在"师法自然"的过程中寻找一种抽象、动感的线条作为形式美的基础，在设计上追求贴近真正生物形态的自然造型，蜿蜒的曲线、神秘的主题，用融会之美来打动人心。

当这种师法自然的风格体现在首饰设计上时，那些蜿蜒流动的线条、鲜活华美的纹路使得珠宝获得了奇异的生命力。艺术家们为打破维多利亚式的典雅风格，刻意用颓废的情调、过分强调的细枝末节之美、曼妙的动植物图形去表现感性、浪漫的生活化艺术。设计师们将人们带入一个奇妙美丽的新世界中，在这里，新艺术的花朵绚丽盛开，草叶飘动，精灵女神振翅飞翔，你会感受到极强的生命力在流动。在精心设计的首饰上，你仿佛可以看到枝条在蜿蜒生长，昆虫挥动着翅膀，露水在阳光下熠熠生辉，一切都充满大自然的活力。

宝诗龙是新艺术主义珠宝设计的先行者，在新艺术风格的影响下，设计师不再像以前那样去极力表现财富之美，克拉数值已经不再成为衡量作品的关键。珐琅、古铜、绿玉髓、月光石、彩色玻璃、丝绸、黄金、钻石等多种材料都被运用到珠宝的设计中，一件珠宝作品往往用多种材料表现自然界生物的光泽和灵动，而不是去突出宝石本身。设计师将珍贵的金属变成延展性很强的"布料",把金当作"线",进行编织、打结或是聚合成缨穗,再加入蛇、蝴蝶、蜻蜓等生动的形象,创造出一种美妙轻巧、变幻无常的浪漫感觉。用彩金、仿宝石、搪瓷和不规则珍珠这些最平常的东西就可以雕琢出一件细节完美、色泽艳丽的作品,宝石和贵金属逐渐从"炫富"的造型主角逐渐演变为服务于整体设计的配角,珠宝的艺术装饰价值远远超过了它的材质价值。

宝诗龙以其创新的手法、精湛的工艺以及独特的艺术底蕴引领了新艺术风格珠宝的潮流。"危险美丽"系列和"动物"系列就是新艺术风格的代表。在"危险美丽"系列的 60 件作品中,钻石、红宝石、蓝宝石和祖母绿被大量运用,在设计中随处可见自然之美。时至今日,宝诗龙已经将 20 多种动物造型运用到其作品之中,将其塑造得栩栩如生,并逐年为此系列增添精彩的新成员。每款动物珠宝都传达出动物的象征性和正能量,收藏家们亦沉醉于动物珠宝的创造性与非凡工艺。

神秘的黑色波斯猫

宝诗龙的创新精神是许多珠宝品牌无法望其项背的。你是否能够想象一只神秘的波斯猫佩戴着价值连城的珠宝招摇过市？对于大多数珠宝商的定位而言，它的消费对象是人，所以在广告创意中一般会用人物去展现珠宝的华美与精致。但是在 1978 年，宝诗龙戏剧性地将一只黑色波斯猫引入一系列的广告之中。这只黑色波斯猫作为主角，各个表情与细节都被展现出来，彰显宝诗龙的高雅、华丽和独特的个性。这则创意非凡的广告风行十年，黑猫也幸运地成为宝诗龙历史上的经典形象。

黑猫的形象不是凭空想象的，灵感来源于一只叫弗拉迪米尔的猫，它是杰拉德·宝诗龙的宠物，也是芳登广场宝诗龙店中的常客。它喜欢在店中徜徉，桀骜不驯，凛然穿行于珠宝间，随意自如。在芳登广场 26 号这个珠宝殿堂中，弗拉迪米尔的存在给这里带来了好运，它喜欢亲近人类，喜欢在熟悉的客人面前撒娇卖萌，寻求温柔的爱抚，它的存在让人流连于这里家庭般的温暖。在宝诗龙后来创作的动物形象中，专注于表现出动物的温婉与亲近，与这只名叫弗拉迪米尔的猫是不无关系的。

广告中的黑猫神秘凛然，像俯瞰世间的王者，又像是得到了瑰丽珍宝的骑士，优雅地漫步，一颦一笑、一动一静之间向人们展示着一款款令人惊艳的珠宝。这些充满幻想的瑰丽杰作，在神秘波斯猫的衬托下，蒙上了一层神秘的色彩。之后，公司又让几位模特扮成猫的样子去展示珠宝的独特魅力，更令人惊讶的是，这些模特并不是一般的模特，而是一些公众人物。不论是黑猫还是模特，都散发出勇敢、智慧、独立创新的气息。而这些也是宝诗龙精神的主旨：神秘、独立、敢为人先，不断给人带来惊喜，令人难以忘怀。

危险的美丽

惊险与刺激是宝诗龙近年来复兴的一个设计主题。在宝诗龙的设计记录里已经在手镯和胸针的设计上展示了惊险与刺激的雏形。千年之交，在危险与性感之间寻求平衡的宝诗龙，推出了"危险美丽"系列。"蛇形"是该系列的重点。早在1888年，弗莱德里克·宝诗龙在一次环球之旅前夕，就曾送给爱妻一条蛇形项链。他希望这条蛇化身为爱妻的守护者，在自己远行之时日夜守护着她。自此，蛇成为爱情与守护的象征，也升华为品牌的护身符。在"危险美丽"系列中，一条蛇形项链盘曲于脖颈之上，蛇头的吊坠垂荡在胸前，蛇身上镶嵌了70克拉的蓝宝石，还点缀着白色、绿色和蓝色的水晶，蛇的眼睛是用两颗红宝石镶嵌的，犹如一条真正的灵蛇蠢蠢欲动。在黄金镶嵌的蛇形戒指上，蛇的牙齿清晰可见，嘴里的红宝石就像是一直活动的蛇信子，蓄势待发。这个系列突破传统的设计，给饰品赋予全新的面貌。

多变历来是宝诗龙的风格，一个品牌要想生存发展，故步自封是不行的。宝诗龙在品牌创立之时就强调要"多出一点点感觉"，认为设计出来的每一件珠宝都应该被赋予独特的意义,具有独特的感觉,否则就不能称之为作品。只有当作品具有独特的灵魂时,才具有生命力。

宝诗龙在生活中不断寻找,遥远的埃及文明、古老的中国神话、精致的日本浮世绘技法,都成为宝诗龙的灵感来源。在矛盾中寻找平衡也是宝诗龙作品的特点。贵族和交际花,就像两个矛盾体,虽出没于相同的空间,地位却是不同的,她们碰撞出来的矛盾火花,散发出危险和性感的气息。纤细的红宝石项链在颈间画出柔美的曲线,红色的宝石坠子摇曳在洁白如雪的肌肤上,让人沉醉;镶嵌着宝石的手镯上有一条令人倾心却又畏惧的蛇。这样的饰品不论是佩戴在女公爵身上,还是交际花身上,都具有独特的美感,让人意乱情迷。宝诗龙的设计师们在充满激情与神秘气息的女性身上获取灵感,改变了珠宝的演绎方式,在危险中寻找美丽,在美丽中释放危险。

名流们的心头好

19世纪的著名交际花帕耶娃夫人曾漫不经心地说,没有任何人或事比那些珍贵的宝石更令她开心。她的丈夫汉克·冯·杜能斯马克伯爵为了满足妻子对巨型宝石的狂热喜爱,曾变卖了所有的家产。

宝诗龙

BOUCHERON

令人迷醉的欲望

1885 年 4 月 27 日，伯爵为了表达对逝去爱妻的情思，委托宝诗龙设计一款独特的手表，他要求在一只表里放入一个周围镶有玫瑰式切割钻石的圆形纪念章，其中以一个钻石绳结系住爱妻帕耶娃夫人的一绺发丝。他希望在这只表上，可以重温那些倾心相伴的每个幸福时刻。

沙皇尼古拉二世也特地邀请弗莱德里克·宝诗龙至俄罗斯皇宫，定制一顶世所未见的皇冠赠送给未婚妻亚历山德拉。宝诗龙不负使命，花费了 2000 多个小时设计制作出一顶全部以珍珠和钻石镶嵌的绝世冠冕。沙皇在 1894 年的订婚仪式上为皇后奉上这一超凡之作。

1928 年 8 月，当印度的巴提亚拉土邦主提着 7 只装满珍贵宝石的箱子迈进芳登广场 26 号的大门时，宝诗龙全身的血液都沸腾了，也是与这位邦主的这一次合作将宝诗龙的品牌推向了巅峰。这位印度邦主随身携带的箱子里包括 7571 颗钻石和 1432 颗祖母绿，在当时而言，这么大批量的钻石委托订单是极其稀有的。这位印度的邦主，请宝诗龙用这些他个人收藏的宝石制作出 149 件旷世奇珍。此后，英国女王、保加利亚国王、埃及国王等都曾委托宝诗龙为他们设计首饰。

约旦王后拉尼娅曾经佩戴"颠覆"系列中镶满祖母绿的常春藤华冠，妮可·基德曼、朱丽安·摩尔、苏珊·萨兰登，华人影星杨紫琼、章子怡等，都曾经在出席奥斯卡典礼、金球奖和戛纳影展时，佩戴令人惊艳的宝诗龙珠宝。

150 余年里，我们在一幅幅动人的画卷中看到了宝诗龙的发展，我们也相信在法国高级珠宝领域成就非凡的宝诗龙，会继续其独特的个性与魅力，谱写不朽的传奇。

宝诗龙
BOUCHERON
令人迷醉的欲望

50多年来，宝诗龙一直被人们视为世界顶级珠宝制造者。迄今为止，没有任何一家珠宝商能够超越它，在珠宝界中，它始终是一个神话，一个至尊的象征。

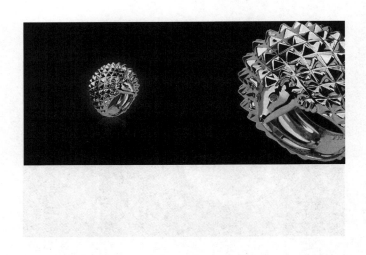

05

BVLGARI
HOTELS & RESORTS

Since 1884

宝格丽
BVLGARI

：

珠宝界的"威尼斯画派"

创始人：

索帝里奥·宝格丽

品牌诞生地：

意大利罗马

品牌总部：

意大利罗马

品牌历史：

宝格丽于1884年在意大利罗马正式创立，其产品主要是高
级珠宝，其他还包括腕表、皮包、香水等。1995年，宝格
丽公司在米兰证券交易所挂牌上市。2004年开始涉足高级
旅馆的经营。2011年3月8日，LVMH集团收购宝格丽公司
股份，交易完成后，宝格丽家族成为LVMH集团的第二大
股东。

历代掌门人：

继索帝里奥·宝格丽创立品牌之后，1905年，索帝里奥的
儿子科斯坦蒂诺和乔治，在罗马康多堤大道设立品牌总部。
1984年，乔治的儿子保罗和尼古拉分别任总裁和副总裁，
他们的侄子弗朗西斯科·特拉帕尼担任CEO。在20多年
的CEO生涯中，特拉帕尼将旗下产品从珠宝领域拓展至香
水、丝巾、手表、皮具等，甚至"跨界"到酒店行业。2011
年3月，LVMH以42亿欧元的估值，通过换股方式收购了
宝格丽，特拉帕尼入职LVMH集团腕表与珠宝部门，担任
LVMH集团珠宝和腕表部门首席执行官。

一个希腊银匠的梦想

1857 年，索帝里奥·宝格丽（Sotirio Bulgari）出生在希腊的一个银匠世家。他的身世颇为坎坷，在他出生前，已经有 10 个兄弟姐妹夭折。这个数字即使在那个年代也很惊人，作为第 11 个，也是唯一一个孩子，他继承了父亲毕生的手艺。他的父母大概不会想到，这个来之不易的孩子，不仅健康地活了下来，还将家族事业一力承担，将宝格丽这个姓氏写入了世界珠宝史。

虽然宝格丽是一个广为人知的意大利品牌，但却与希腊有着切割不断的血缘关系。宝格丽品牌起源于希腊的伊庇鲁斯（Epirus）地区。希腊是西方文明的摇篮，古希腊朴实庄重的多利克柱式风格和轻灵典雅的爱奥尼亚柱式风格都深深影响了宝格丽的设计。

长大后的索帝里奥创造性地把许多艺术元素融入他的银质雕刻饰品，这些饰品在当地风靡一时。

19 世纪下半叶，奥斯曼帝国衰落，希腊政局动荡。22 岁的索帝里奥举家迁往意大利。他们先在那不勒斯居住了数月，接着又搬到罗马，才算安定了下来。

宝格丽品牌的历史也随着这场迁移而改变了。

1884 年，罗马一家位于西斯提那大道的商店开辟出一角橱窗，展示一些极其精美的银质器皿，引起关注。这家商店的老板是希腊人，他经过法兰西学院门口时，注意到一个小商贩的手工银器十分受欢迎。当时加工金银制品的匠人很多，款式也都大同小异，只有这个摊贩手工格外细致，并且雕刻款式颇有新意，独树一帜。

这个小商贩正是索帝里奥，事实证明这位老板的眼光上佳。同年，索帝里奥在同一条街上开设了第一家店铺。这一年，也正式成为宝格丽的品牌元年。

1894 年，索帝里奥将店铺迁至康多堤大道（Via Condotti）28号。随着索帝里奥的儿子科斯坦蒂诺（Costantino Bulgari）和乔治（Giorgio Bulgari）逐渐长大，宝格丽帝国的基础逐渐坚实起来。1905年，他们协助父亲，又将店铺迁到康多堤大道 10 号——这里就是今天宝格丽的全球旗舰店。

有趣的是，他们将店名取为"Old Curiosity Shop"。这个名字源于英国作家狄更斯于 1840 年开始连载的长篇小说《老古玩店》（《*The Old Curiosity Shop*》）。

为什么取这个名字呢？在当时的英国社会，狄更斯的文学作品以高超的艺术手法和打动人心的人道主义精神而广受好评。当时的罗马已初具国际都市的风范，康多堤大道有很多来自英国、法国、德国的游客，且以英国游客居多。用一位人们耳熟能详的英国文豪的作品作为店铺名，为的是吸引顾客。

值得玩味的是，狄更斯并不是一位为上流社会唱赞歌的作家，相反，大部分作品都在揭露和批判社会现实，《老古玩店》写的就是一个因利欲熏心而致悲惨结局的故事。索帝里奥借用这样一部作品冠名珠宝店，其实是一着险棋。

这位希腊银匠不仅技艺出众，而且极具商业头脑。当时的罗马，只有少数奢侈品店在苦苦挣扎。危机就是机遇，索帝里奥果断抓住这个机遇，在萧条的经济状况下，他反而开始增加珠宝和各种配饰的数量和款式。他对自己的目标客户有非常准确的定位——那些来自不同国家的游客，对珠宝首饰的审美和需求各不相同，只有多样化的产品才能赢得更多客户，从而大幅提升销售额。

接着，索帝里奥将第一家分店开到圣莫里茨的度假区。由于运营得当，接下来数年间，其他分店也在各处陆续开设，并由其亲属管理。在这样强劲的发展势头下，索帝里奥仍然将精力专注于罗马的总店。

宝格丽品牌即在此处奠定了恪守一个多世纪的经营风格——保守。这种"作坊"式的生产和经营模式，有利有弊。直到如今，在全球经济高速发展的背景下，各大奢侈品牌争先恐后地扩张疆域，宝格丽却一直控制其出品的珠宝作品不流于量产，始终保持精工细作。

宝格丽的现任总裁弗朗西斯科·特拉帕尼（Francesco Trapani）的一句话可以解释他们的经营理念："重点是成长的方式。我认为专注于这个品牌，潜力更大。"品牌将索帝里奥，这个希腊银匠的决策和坚持沿袭至今。

纵观索帝里奥的一生，有许多关键词可以形容他——首饰王国的奠基人、传奇家族的缔造者、颠沛半生的故国失落者，等等。但最准确的一个却是：一个充满梦想的希腊银匠。

　　这个看似所有标签中最平凡的一个，却拥有最为深邃的内涵。索帝里奥在宝格丽的创立之初，是否怀有要建立一个首饰王国的雄心，我们已经不得而知，但回顾他的职业生涯，却是一个希腊银匠兢兢业业的奋斗史，始终秉持一个手工匠人对作品精益求精的态度。

　　回到20世纪初的宝格丽发展轴中，索帝里奥的两个儿子已经长大，并对家族事业抱有极大的热情，一直跟随在父亲身边，由索帝里奥言传身教，学习经营一个首饰王国方方面面的技能。兄弟俩不仅将父亲这种对珠宝事业的热忱承袭下来，在能力上也逐渐可以独当一面了。

　　1932年，索帝里奥去世，科斯坦蒂诺和乔治正式接管家业，宝格丽的历史进入了一个新纪元。

　　索帝里奥去世两年后的1934年，康多堤大道的店面进行了翻新，准备扩大营业，这个崭新的店面开张于4月9日，获得了社会各界的广泛好评。

　　从1970年起，宝格丽才开始加速进军国际市场的步伐，在世界各大主要都市，如纽约、巴黎、日内瓦和蒙特卡洛等，开设精品专卖店。20世纪90年代，宝格丽又到了一个新的转折点——开始推行多元化的经营策略，将产品范围扩大到香水、配饰等领域。其控股公司Bulgari S.p.A在米兰证券交易所挂牌上市不久，便进入伦敦股票交易所的IRS板块交易。

　　直至今日，宝格丽在珠宝业中虽然排名第三，但营业收入只有第二名蒂芙尼的二分之一，在全球经济爆发式扩张，奢侈品受到人们疯狂追捧的今天，这个发展速度堪称非常缓慢。与卡地亚和蒂芙尼这样在本土顺风顺水地成长、"根正苗红"的品牌相比，宝格丽的发展跨越了两地，将不同的气韵融入了品牌的骨血。

可能正是这样的原因，索帝里奥的梦想更为质朴，并不雄心勃勃。相比较为冒险的跃进式经营方式，他选择了内敛的经营策略。

在 2008 年全球性金融危机之前，宝格丽没有一年亏损过。它甚至极少使用业界十分流行的并购扩张模式。宝格丽品牌能够给人这样一种信心——以后，也许还会有战乱，有文化交融，但我们始终拥有品质如一的珠宝。这大概才是索帝里奥梦想中，那个不会改变的核心。

特立独行，突破传统

传奇的历史、精湛的工艺和兢兢业业的经营态度，只是顶级珠宝品牌的基础。要在众多品牌中脱颖而出，仅靠这些是不够的，还要对艺术风格的变迁做出敏锐的反应。

19 世纪末至 20 世纪初的新艺术运动时期，加泰罗尼亚现代主义的建筑师高迪，同时也是新艺术运动的代表性人物之一，认为自然界是没有直线存在的，直线属于人类，而曲线才属于上帝。只要看看他的经典作品——著名的高迪公园、巴特洛公寓、圣家堂等，在那些跳跃的线条中对结构的诠释，就能体会到这种深邃的风格。

这种艺术风格也深深影响了珠宝设计，自然轻灵，一方面摆脱了维多利亚时期的庄重严肃，显得更为感性；一方面表现出对传统形式和艺术作品的抗拒。这个时期的法国评论家们一致认可了珠宝界所发生的重大变革——对自然的刻画，对鸟、花朵、藤枝等元素的使用，在作品上运用雕塑技法，各种材质的混合使用，如在黄金上装饰珐琅等，不断削弱贵重宝石的地位。在一些作品中，钻石甚至沦为一种辅助，衬托从前并不为人们所在意的玻璃、象牙等，就像巴塞罗那的巴特洛公寓中高迪对壳体、骨架、花瓣和翅膀等元素在设计中的运用一样。

在罗马成长的宝格丽，也很大程度上受到罗马建筑风格的影响。意大利建筑师多米尼奥尼（Luigi Caccia Dominioni）如此解释意大利文明的天赋基因："我们有古老的文化，我们有极为丰富的想象力，我们重视过去与未来之间的联结。这就是为何意大利的工艺、设计、建筑与艺术，相较于其他国家，显得更具吸引力、更禁得起时间考验的主因。"

在这种背景下，宝格丽不断探索自身的独特文化，这个时期的宝格丽珠宝作品，虽然也使用线条，但更偏向硬朗和几何感；已经开始采用当时的非主流材料，比如玻璃、钢筋、金属、大理石等，这种使用各种材质进行混搭的创新美学，日后逐渐成为宝格丽的风尚之一。

随之而来的爱德华时代——1900 年到 1915 年间的珠宝设计风格，则以"花环"样式著称，常见的款式是系着丝带和蝴蝶结的花环。此时开始用铂金来代替白银，铂金比黄金从数量来说更为稀有，且性质稳定，它的使用无疑显示着技术的进步。对钻石刻面的不断改进，以及其他品种的宝石——如蛋白石、月光石和亚历山大变石等的使用，大大增加了珠宝作品的主题深度。宝格丽也很好地吸收了这些元素。

大约自 1920 年起，宝格丽作品中开始加入更多珍稀的彩色宝石，到 1930 年代，在珠宝的制作上，已经展现出恢宏的气质，多使用几何造型，镶嵌各种切割的钻石，混搭钻石和彩色宝石。也会采用当时流行的可拆卸式设计——一只风格繁复的项链可以拆成手环、扣环或者胸针来佩戴。到 1940 年代，宝格丽又改变了部分制作工艺，用黄金底座代替铂金底座，这是因为受第二次世界大战的影响，物料供应有限。在历史的变迁中，对不同材料的反复尝试，大大丰富了高级珠宝在设计款式上的想象力，淬炼出更为纯熟的搭配技巧。

20 世纪二三十年代，装饰艺术时代到来，它演变自新艺术运动，但与新艺术运动空灵和细腻的风格不同，装饰艺术的风格不排斥机器时代的技术美感，常用齿轮或流线型线条、富有对称感的几何构图、扇形辐射状的太阳光等，在运用色彩方面多使用对比强烈的明亮色彩。而宝格丽的设计可谓与之相得益彰，看看宝格丽那些大胆而先锋的设计，不难想象在当时会掀起怎样的风潮。更为巧合的是，装饰艺术的素材正是来自远东地区，以及希腊、罗马和玛雅等古老文化中。而出生在希腊、生长在罗马的宝格丽品牌，运用起这些元素，就像一位天才诗人咏叹童年一般熟练、优美，情感深刻。这种骨血中流淌的风格和生命力，让其他品牌不可望其项背。

到了 20 世纪 40 年代中后期，战后繁荣的回归，使人们的审美偏好更倾向于较大的宝石、更艳丽的色彩和更夸张的风格。20 世纪 50 年代开始流行尖锐造型。此时宝格丽的风格已完全形成，无论潮流如何变迁，它都可以站在潮头，引领风尚。这个时期的意大利也已经成为欧洲的设计中心，其中宝格丽发起的"色彩革命"起到了至关重要的推动作用。

宝格丽第三代传人尼古拉·宝格丽（Nicola Bulgari）说过："一个人如果只想凭借过去的辉煌是非常愚蠢的，如果要成功，必须要结合过去、现在、未来，这才是挑战，而地平线并非只有一条。"这段话可以通过宝格丽的风格解读出丰富的层次。相较于卡地亚和蒂芙尼的典雅优美，宝格丽更具辨识度。20 世纪 80 年代，著名的波普艺术家安迪·沃霍尔甚至说："我认为宝格丽珠宝代表 80 年代。每个人都想模仿宝格丽的风格。"

如果将安迪·沃霍尔的艺术风格与宝格丽的设计做一比较，那么他们都是强烈而有力的，毫不啰唆，并且极具流行潜质。值得参考的是安迪·沃霍尔对珠宝的看法，他在自己的书《*The philosophy of Andy Warhol: from A to B and back again*》（《安迪·沃霍尔的哲学》）中这样说：

"珠宝不会让人更美，但它可以让一个人觉得自己更美。"（Jewelry doesn't make a person more beautiful，but it makes a person feel more beautiful）可谓深谙不同的艺术表现形式（包括珠宝），对人所产生的影响。

时尚 ICON，撞色和混搭

请尝试想象，如果时至今日，顶级珠宝设计师们全部大量使用钻石作为主要设计材料，我们的珠宝世界会如何？大概就像走进一家富丽堂皇的美术馆，发现琳琅满目的画作均属枫丹白露画派，被华美震撼之余也难免会觉得单调。

而拥有"彩色宝石之王"美誉的宝格丽，开启了一个新的流派，被称为"珠宝界的威尼斯画派"。"威尼斯画派"在 16 世纪达到繁荣，是意大利文艺复兴时期的主要画派之一。其风格以在色彩上的大胆创新著称，绚丽而明快。

第二次世界大战时，由于政府禁止买卖贵重金属、宝石和珍珠，宝格丽的生意一度陷入停顿。战争结束后，人们压抑许久的物质和审美欲望喷薄而出，讨厌沉闷，向往丰富多彩。同时，意大利的经济复苏，也带动了电影业的发展，宝格丽迎来了黄金时代。罗马在这一时期被称为"台伯河上的好莱坞"，拍摄了《暴君焚城录》《宾虚》《罗马假日》等影片。大量本土及外国电影到康多堤大道取景,使得宝格丽旗舰店明星名流云集。宝格丽趁势推出大量材质新颖、设计别致的珠宝新品,引起追捧。

宝格丽探索出的由半宝石和宝石所构成的色彩组合,独树一帜,例如,将红宝石搭配祖母绿和各种蓝宝石,大胆而鲜活。在中国的传统文化中,红与绿的搭配富有惊险的美感,这样的设计手法需要团队具有敏锐的直觉与娴熟的技巧。

保罗·宝格丽(Polo Bulgari)曾说:"有别于其他品牌,宝格丽的宝石专家偏爱在全球各地的原产矿区寻找最高质量的宝石,他们在浩瀚无际的矿石中,汰选出具有宝格丽 DNA 与灵魂象征意义的宝石,从不拘泥形式或介意将稀有宝石(precious stone)和半宝石(semi-precious)大胆混搭。设计师们在多年浸淫宝格丽的美学历史之后,精彩之作从无数的设计图中脱颖而出,凭借独到的精镶工艺,创造出极具辨识度的宝格丽风格。"

相较于卡地亚和蒂芙尼的典雅,宝格丽则是欲望、宠爱和诱惑的代名词,而宝格丽式的女郎也是热烈、艳丽、风姿绰约的。

1964 年,伊丽莎白·泰勒和理查·柏顿结为夫妻。婚礼上,酷爱收藏名贵珠宝的泰勒穿着嫩黄色长裙,却只佩戴了一件珠宝,就是柏顿送给她的宝格丽胸针——这颗祖母绿主石重 18 克拉,周围镶嵌着一圈钻石,柏顿曾打趣说:"我带伊丽莎白认识啤酒,伊丽莎白教我认识宝格丽。"事实上,在这之前,柏顿就已经送给过泰勒一枚极致奢华的宝格丽戒指。这枚戒指镶嵌有一颗重达 7.4 克拉的阶梯形切割八角哥伦比亚祖母绿，四周环绕 12 颗梨形钻石。

这枚戒指是泰勒在世期间唯一一件不再属于她的珠宝藏品，2002 年，为了给"伊丽莎白·泰勒艾滋病基金会"筹款，她将这枚戒指进行拍卖，并亲自提笔附言"Wear It With Love"（请满怀爱意地佩戴）。2011 年，伊丽莎白·泰勒因病辞世，宝格丽购回了这枚戒指，收入其"传承"系列。

伊丽莎白·泰勒是珠宝的狂热爱好者。她的丰腴和美艳，跟宝格丽的风格十分相配，而据说"宝格丽是泰勒唯一会的一个意大利语单词"。（柏顿语）

宝格丽也是名满全球的奥斯卡影后索菲亚·罗兰的挚爱，当她的宝格丽项链被盗时，她无法自控地泪流满面。被称为摇滚教母的蒂娜·特纳曾因为没有及时找到一对宝格丽的耳环——她最心爱的幸运饰品——而声称要取消演唱会。

设计上求变常新，工艺上坚持传统，是宝格丽一贯的理念。而提到彩色宝石，绕不开那些风华绝代的美人们的名字，也绕不开宝格丽的一大工艺特色——圆润抛光的弧面切割工艺。

这项工艺在过去并不受重视，却被彩色宝石专家宝格丽发扬光大。这种蛋面切割的手法看似简单，却最能呈现出宝石的光芒，凸显其细腻质感，与钻石常用的明亮式切割相得益彰。粉水晶经过弧面切割会产生星光效应，弧面型红蓝宝石也能看到星光效应，弧面欧泊石则会产生瑰丽的彩虹现象，等等。弧面切割不再被视为只适用于平价宝石的切割。

除此之外，当代的宝格丽设计也中意古时的蒙古切割，也称为"塔克地"切割。这种切割手法须冒很大的风险，才能打磨出如同蛋壳般的莹亮表面。

彩色宝石的价值取决于四个方面：重量、颜色、光泽和品质。此外，对宝石的修饰过程极为重要。打磨工作如果完成得不好或形态不佳的话，就会造成宝石表面的漫反射，使光泽度降低。同时，对于彩色宝石来说，不同的宝石其生成过程和生成环境都不同，加工时也必须考虑到各种宝石之间的个性差异。

20世纪40年代，引领时尚潮流的宝格丽，将相对平价的彩色半宝石和昂贵的钻石混搭在一起，甚至将半宝石放在珠宝作品的最显要位置，大胆的色彩搭配，碰撞出独有的奢华之感。这种打破传统、略显离经叛道的方式，却是当时最前卫的做法。

20世纪50年代的宝格丽风格中，将轮廓感和鲜明色彩融合，材质上采用黄金、铂金，镶嵌绿松石、红宝石和钻石，显得无拘无束，浪漫而自由。这样的设计看似跳脱，却非常适合搭配日常穿着，搭配基础款式的黑白色服饰能起到点睛的效果，同时具有妥帖而不张扬的风情。

半个世纪过去，20世纪90年代以后，新人类开始占领时尚圈，人们惊奇地发现这一代年轻人在接受了更为完整的美学教育和更为丰富的艺术启蒙之后，在审美上更加返璞归真。而兼容了各种文化元素的宝格丽，其设计中包含着古罗马文明、波斯文明、东方文明、波普艺术、意大利的享乐主义风尚，以及 20 世纪 80 年代的朋克摇滚风，等等，以轻松写意的方式，装点着各色群体。这就是宝格丽所信奉的佩戴哲学"Wearing for Pleasure"，有着契合于时代的灵魂表征——既不过分庄重，但也不轻浮，内涵深邃却舒适自然。

当人们将一款设计、一种风尚，一位极具特色的人物奉为时尚 Icon 的时候，是什么样的特质使人们心甘情愿地追捧他们的品位？当我们谈论宝格丽如何用撞色和混搭成功在顶级珠宝界坐拥一席之地时，我们也在谈论一个不拘于风格流派的概念性风尚标；在谈论一个将艺术和文化融合得浑然天成的百年品牌；在谈论着一种旗帜鲜明的创意美学。

在那些缔造了时代的珠宝的名字里，宝格丽无疑是具有很高辨识度的，其意义已超越时尚，而将工艺上升到美学思潮的高度。

06

MIKIMOTO
Since 1893

御木本
MIKIMOTO

：

走进珍珠的绮丽世界

创始人:

御木本幸吉

品牌诞生地:

日本东京

品牌总部:

日本东京

品牌历史:

御木本于1893年在日本创立。1893年7月11日,
御木本幸吉在鸟羽的相岛(现更名为"御木本珍
珠岛")成功养殖出世界上第一颗半圆形珍珠。
1899年,日本东京银座开了第一家御木本珍
珠店。1905年又成功实现了圆形珍珠的养殖。
1913年,御木本在英国伦敦开设首家海外分店,
并进驻纽约、巴黎等国际时尚之都。1924年,
御木本成为日本内务省指定的皇室珠宝供应商。
1952年成立珍珠有限公司。1972年,公司正式
更名为"御木本株式会社",产品线逐步扩展到
钻石、有色宝石等各类珠宝首饰,发展成为驰名
国际的综合型珠宝商。

历代掌门人:

御木本幸吉是品牌创始人,其后一直由御木本家
族经营。现在,由御木本丰彦掌管。

来自日本的顶级珍珠

　　珍珠，是世界上唯一用生命孕育而成的珠宝，深受女性的钟爱。《圣经》在开篇中说："从伊甸园流出的比逊河，在那里有珍珠和玛瑙。"在东方，珍珠被赋予了人的情感，君子比德于玉，美人比德于珠。

　　珍珠还有一个不为人们所熟知的名字"margarite"，曰古波斯梵语演化而来，是"大海之子"的意思，这个名字非常形象地描述了珍珠的诞生。一颗珍珠的产生，无论完美与否，都需要历经岁月的沧桑。天然珍珠的产量十分稀少，有人甚至愿意为拥有一颗深海明珠而倾其所有。在《自然史》中曾有叙述说："投江海不测之深，以捞珍珠。"人们对于珍珠的执着可见一斑。古时候，珍珠是只有贵族才能佩戴的饰品，甚至很多国家都规定只有王族才可以佩戴。

　　1893 年 7 月 11 日，御木本幸吉在鸟羽的相岛（现更名为"御木本珍珠岛"）成功养殖出世界上第一颗半圆形珍珠。它的产生可谓是占尽天时地利。位于太平洋西北部的日本，有"千岛之国"的称号。其四个大岛本州、九州、四国和北海道，再加上成百上千个小岛，跨越亚热带、温带和寒带三个气候带。虽然日本幅员不算辽阔，但不同温度带的温差使海水中有了充足的养分，每一次潮起潮落产生出的一种特别的钙结晶，就可以培育出珍珠。钙结晶会影响珍珠颗粒的大小及饱满程度。

御木本

MIKIMOTO

走进珍珠的绮丽世界

　　御木本从创立至今，已经一个多世纪了，出品的每一颗珍珠都必须经过严格的挑选，以求完美，珍珠的品质对于一个古老的珠宝品牌来说，是重中之重。

　　著名的 Akoya 珍珠，又称为"海水珍珠"，有"一蚌一珠"的称号，因为一个母贝中最多只能产生一颗海水珍珠，也因稀有而显得尤为珍贵。产生如此珍稀的海水珍珠的母贝，称为马氏贝。海水珍珠之所以有极为细腻的外表，与精心的养殖有很重要的关系。在养殖这种母贝之前要花费一两个月的时间养殖幼贝，等它长到两厘米左右的时候，放入海水中。为了保证幼贝能健康地成长，需要不定期地清理它身上的寄生物，这个过程需要极大的耐心，而水温也需要控制在最适宜的 25℃左右。待其长到合适大小，便植入珠核，这个过程在一定程度上决定了珍珠的成色和形状。之后再将贝放进几乎没有大风浪的内海区域让其静静地孕育两周，然后再次转移到深海里，直到孕育出一颗海水珍珠。这项插珠技术直到 20 世纪才在日本研发出来，在此之前，我们看不到人工海水珍珠的身影。

　　马氏贝的打捞时间一般选择在冬季，因为在相对低温的环境中打捞出来的母贝孕育出的珍珠最为美丽动人。在御木本设计的"仙境"系列中，就是用海水珍珠搭配钻石，以经典的童话故事爱丽丝梦游仙境为灵感来源，幻化出美妙、奇幻的世界。佩戴这样的珠宝，宛若精灵。

　　一颗御木本珍珠的孕育大概需要花费 4 年左右的时间，这是由珍珠母贝的生理周期决定的，在这个周期内，母贝能达到最好的状态。我们知道珍珠的产生具有偶然性，即便最后形成了珍珠，其形状、色泽和品质也有可能不符合御木本挑选珍珠的要求。通常御木本只在最好的 100 颗里选择 5 颗成色和形状最完美的。这种严苛的挑选标准是在 1974 年建立的。在御木本"优中选优"系列中，挑选要求则更加苛刻，正如其名字一样，选择最好中的最好，只有不到 1% 的珍珠能够有幸被选中。正是对珍珠原材料的严苛挑选，才成就了御木本"珠宝之王"的美誉。

御木本对于南洋珍珠也甚为偏爱。这种产于南太平洋的珍珠，是世界上最珍稀的珍珠品类之一。它不仅有高贵典雅的白色，还有低调奢华的黑色，甚至还有耀眼夺目的金色。南洋珍珠的培育也是十分困难的，而御木本选择的是南洋珍珠中的极品——澳洲南洋珍珠，其色泽、形状、品质都是最佳的。御木本设计的珠宝饰品中就不乏以黑色南洋珍珠为原材料的，它不像钻石那样有着璀璨的光芒，但天生拥有低调奢华的气质，为佩戴者增加了独特的气场和韵味。

从古至今，金色都是奢华的代表，金色的南洋珍珠，外观圆润，让佩戴者摇曳生姿，举手投足间尽显优雅。

如果钟爱经典的白色，也可以选择御木本的白色南洋珍珠项链，它如丝绸般柔滑，简约而不简单。南洋珍珠的产生，不仅对产地有要求，对生产过程也有极高的要求，稍有一点操作误差，就难以产生品质上乘的珍珠。因此，一串形状大小相似、色泽相同的南洋珍珠饰物，是十分难得的。

凡高说"每个人心中都有一团火，而路过的人却只看到了烟"，其实大海也有它的火，这团火就化成了海螺珍珠。海螺珍珠极为稀少，因其不能通过人工养殖得到而弥足珍贵。美丽的海螺珍珠有着迷人的火焰纹，就像是大海中的火焰之心。御木本自然不忍心让这样的珍宝仅仅流落在大海里。它用昂贵的海螺珍珠创造出很多佳品，其中有一款耳环，选用炫目的钻石作为陪衬，中间完美地镶嵌有被誉为"神之声"的海螺珠，显得佩戴者格外美艳动人。

御木本的养珠故事

珍珠，从古至今，引发了人类无尽的联想。平凡无奇的蚌贝中，经过岁月洗礼，竟会生成如此耀眼夺目的珍宝。在中国古代的神话小说集《博物志》中，这样描述珍珠的产生："南海外有鲛人，水居如鱼，不废织绩，其眼能泣珠。"认为海中鲛人的眼泪会化为珍珠。后来，又有了更为诗意的猜想，"珍珠产于蚌腹，月影成胎"。

《尚书》中有关于珍珠的记载，称珍珠为"淮夷宾珠"。在欧洲的"黑暗时代"，佩戴珍珠的只能是具有崇高地位的男人，在皇冠、手杖、剑柄上可以窥见珍珠的情影。1612 年，英国甚至立法：王室以外的人不得佩戴珍珠饰品。珍珠是身份地位的象征，直到1893年，御木本幸吉实现了人工珍珠养殖，才让珍珠得以走入普通人的生活。

1858年出生于日本南部志摩半岛的御木本幸吉，家族世代都以经营麦店为生。因此，父亲希望他能够继续经营家中的生意。但是御木本幸吉并不满足于这样的生活，由于家住临海，他经常看到许多渔民为了获得价值连城的珍珠，不惜破坏海洋的生态环境，进行滥采滥捕，使蚌的产量越来越少。及冠之年的他，在呼吁保护蚌类的同时，也逐渐萌生出要人工养殖珍珠的想法。

他相信人工养殖一定能给珍珠业带来空前的变化。这个想法从萌生到变成现实，过程并不短暂。经过10年的探索与研究，御木本幸吉仍未成功，但他没有放弃。1888年，他迎来了人生中的第一个"导师"。在参加国际渔业博览会时，他碰到了对海洋软体动物颇有研究的南建洋一博士，他们交谈甚欢，南建洋一毫无保留地把自己的研究成果与御木本幸吉分享。同年，御木本幸吉成立了他的第一家养珠农场，并与志同道合的妻子步入了婚姻的殿堂。

于是，终于不再是独自奋斗的御木本幸吉，更加紧了对珍珠养殖的研究。然而这条路并不顺利，1892年，一场突如其来的红潮把他们夫妻俩辛苦培育的母贝全部害死了。虽然伤心欲绝，但是两人决定重整旗鼓，终于在1893年的一天，妻子发现了一颗成色很好的半圆珠。这个消息对于努力了这么久的他们来说无疑是让人激动万分的。于是，御木本幸吉立刻为他的养殖珍珠技术申请了专利。拿到专利的他，开始专心研究如何培育成色和形状更好的珍珠，并于1899年，在东京银座开了第一家御木本珍珠店。

珍珠养殖有了突破，但是养殖的珍珠佩戴在人们身上，还需要细致的加工。认识到这一问题重要性的他，决定花重金去欧洲学习珠宝首饰设计和制作工艺。1907年，御木本在日本开设了第一家珍珠首饰工作坊，开始为珠宝界带来一个又一个的惊喜。

给御木本带来一个重大转折的是起于1921年的一场大型诉讼，御木本的珍珠在销往欧洲时遇到了阻碍。当时，人们普遍认为珍珠应该是天然生成的，人工养殖的珍珠不具备与天然珍珠一样的价值，并禁止御木本售卖养殖珍珠。而御木本幸吉并没有因这场"意外"而退缩，经过激烈的辩诉，御木本获得了全面的胜利。但这却反映了一个现实——人们对人工养殖的珍珠有着严重的偏见甚至歧视。

美国著名的科学家爱迪生曾经说过："有两样东西是我无法在实验室中制造出来的，那就是珍珠和钻石。"为了改变人们对养殖珍珠的偏见与歧视，御木本幸吉开始在世界各地发表言论，传播养殖珍珠的知识，让人们知道养殖珍珠的生成过程其实与天然珍珠是基本类似的。毫无疑问，这是人类造物史上的一个奇迹。

御木本自始至终坚持使用优质的珍珠作为饰品的原料，并与精湛的制作工艺相结合。然而当御木本申请的养殖专利到期之后，很多商人也看中了人工养殖珍珠的商机，开始大肆生产养殖珍珠。由于没有御木本那样严谨的养殖技术和严苛的珍珠挑选原则，很多销往日本国外的养殖珍珠，品质参差不齐，影响了日本珍珠在国际上的声誉。

御木本幸吉曾经说过，"只有坚持生产最高品质的珍珠，日本养珠业才会有希望。"1924年，日本皇室指定御木本为皇室珠宝首饰供应商。在日本皇室的婚礼上，一套御木本的珠宝首饰是嫁妆的必备品，甚至之前对人工养殖珍珠不认可的欧洲皇室，也开始用御木本珍珠作为皇冠上的饰品。2002年，御木本成为"环球小姐"的官方珠宝赞助商，获奖佳丽的后冠，就是御木本在日本精心打造的。

2007年，为了庆祝珠宝工厂成立100周年，御木本从珍珠中挑选出整整100件珍品，推出"匠和技"系列，表现了御木本100年来始终坚持独具匠心与精湛技术结合的宗旨。工匠们用当年的工艺将这些珍品重新制作，比如这个系列中的一枚复古风格的戒指，虽然在珍珠的周围镶嵌有许多钻石，但中间是丰润的Akoya珍珠，钻石仅仅是陪衬。

御木本与珍珠的故事，在接下来的时光里会继续谱写。即使经过了一百余年时光的洗礼，它并没有"人老珠黄"。作为一个传统的家族企业，现在御木本迎来了第四代传人御木本丰彦，全世界已经有了一百多家分店，御木本也会一直坚持对品质的不懈追求。

与珍珠相伴的女人

珍珠对女人来说意味着什么呢？从古至今，珍珠一直被赋予美好的含义，象征着圆满、幸福。女人们希望有一件适合自己气质的珍珠饰品，一生相随。

英格兰女王，都铎王朝的最后一位君主伊丽莎白一世，这位有着传奇人生、终身未嫁的"童贞女王"对珍珠格外钟爱，高贵无瑕的珍珠，与女王十分相配，我们几乎在她的每一幅画像里都能看到珍珠的身影。

摩纳哥王妃格蕾丝·凯利，也对御木本珍珠尤为喜爱。她在代表作《后窗》中，就佩戴有御木本的珍珠项链。

"性感化身"的玛丽莲·梦露，在与第二任丈夫去日本度蜜月时，她的丈夫就为她挑选了一条御木本的珍珠项链作为礼物，她经常佩戴这条项链出席各种重要的场合。

好莱坞女星安吉丽娜·朱莉，也酷爱珍珠。或许很多人认为她与耀眼的钻石更为相配，但是也不要忘了，作为联合国难民署高级专员特使的她，包容与温柔的特质正与珍珠的品格相得益彰。

在名作《戴珍珠耳环的少女》中，画家约翰内斯·维米尔也选用珍珠作为画中少女佩戴的饰品，表现女性的温润。

御木本在成立之初，御木本幸吉就有一个愿望——用珍珠装点全世界的女性。希腊神话中爱与美的女神阿佛洛狄忒便生于巨贝之中，她的眼泪可以化为珍珠，这也是御木本饰品的灵感来源之一——多层垂坠式叠珠搭配钻石，让佩戴者摇曳生姿。

珍珠也象征着忠贞不渝的承诺和相互体谅包容的态度。爱情主题常常被运用在各类珠宝的设计中。御木本曾以梁祝化蝶的故事为灵感，创作了一对蝴蝶耳环。安徒生童话中的美人鱼，为爱情奋不顾身，宁愿化作大海中的泡沫，也不愿伤害自己的爱人。御木本受到这个经典的爱情故事的启发，创作了一款"泡沫"形状的项链。珍珠难得，茫茫大海中的一粒沙与一只蚌的融合，经年累月，最后成为一颗耀眼的珍珠。就像爱情一样，人海中与另一个人邂逅，经过时间的磨砺与检验，不断包容，才能修成正果。

珍珠的养殖过程又和母亲十月怀胎很相似，只是珍珠的产生过程需要更长的时间，甚至一颗好的珍珠从培育到成形需要 6 年的时间。因此，珍珠也象征着母爱，很多人会选择以珍珠作为礼物送给母亲，用来表达对母亲的感谢和爱。御木本的"Mama and Baby Collecction"系列中，就有一款既能给宝宝作手链，又能延长作母亲项链的设计。

御木本还有很多颇具设计感的珠宝系列。以"爱丽丝梦游仙境"为灵感的"Wonderland"（仙境）系列，将蝴蝶、奇花异草、肥皂泡等美好的形象用钻石和圆润的珍珠表现出来，无论任何场合，佩戴这样一款梦幻的御木本饰品都会引人注目。

"Dancing lines"的制作工艺也是非凡的，该系列的饰品线条摇曳多变，以铂金、粉金两款金属材质搭配典雅的 Akoya 珍珠或南洋珍珠，简约灵动，高贵飘逸。

日本是"樱花之国"，御木本当然会有樱花主题的设计，夺目的钻石和温润的珍珠打造出来的"Cherry Blossom"（樱花）系列戒指，樱花的形态栩栩如生，一大一小两朵相得益彰，在"朝来庭树有鸣禽，红绿扶春上远林"的日子里尽显娇美的姿态，饱含着御木本对美好生活的祝愿。

日本萌系教主"Hello Kitty"，风靡全球。御木本在 2014 年推出了"Hello Kitty"系列的饰品，而且是 Kitty 与樱花的完美结合。使用红宝石制做可爱的蝴蝶结，用透亮的玛瑙制做双眸，用粉红的宝石制做樱花。12 条小珠链的组合让其更有层次感，甜美可爱。除了项链之外，这一系列还有耳环，耳环不仅有珍珠做主角，还有色彩活泼的珐琅做的 Kitty 头上的蝴蝶结，别致精巧。

承载爱与祝福的"Rosy Bliss"（蔷薇的祝福）系列，用珍珠搭配粉红色的宝石，表现出蔷薇花的娇美，寓意幸福的到来。

珍珠就像经过岁月洗礼的优雅女性，让人情不自禁地想要接近。珍珠也是女人亲密无间的闺蜜，无时无刻不陪伴左右。"用珍珠装点全世界的女性"是御木本的愿望，而这个品牌也一直在用珍珠的杰作去接近这个愿望。

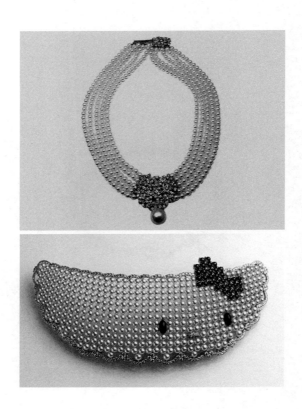

07

Van Cleef & Arpels

Since 1906

梵克雅宝
VAN CLEEF & ARPELS

:

因爱而生，取法自然

创始人：

阿尔弗莱德·梵克和查尔斯·雅宝

品牌诞生地：

法国巴黎

品牌总部：

法国巴黎

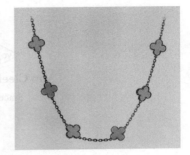

品牌历史：

梵克雅宝创立于1906年，并于同年在巴黎芳登广场22号开设了第一家精品店。由阿尔弗莱德·梵克和查尔斯·雅宝共同创立，取家族姓氏为品牌命名，以设计和制作宝石饰物为主。1925年，梵克雅宝的设计获得了国际珠宝设计大奖，声名鹊起。1933年，梵克雅宝发明了"隐秘式镶嵌法"，利用这种方法赋予了宝石一个完全不同的外观，影响了整个高级珠宝业。1939年，梵克雅宝开始进军美国市场，迅速成为纽约第五大道上流阶层的挚爱，随即又在棕榈滩、比弗利山庄等地开设分店。一个多世纪以来，梵克雅宝以巧夺天工的技术、极为严格的宝石筛选标准、精致典雅和简洁大方的样式，以及完美比例的造型设计，在国际珠宝界占有重要地位。

历代掌门人：

阿尔弗莱德·梵克和妻子的兄弟——查尔斯·雅宝创立了品牌，之后在巴黎建立起家族产业链。1926年，阿尔弗莱德·梵克的女儿——芮妮·普伊桑特，成为梵克雅宝的艺术总监。梵克雅宝一直由梵克和雅宝两个家族共同执掌，后被世界第二大奢侈品集团——瑞士历峰集团收购。

因爱而生

如果将一些珠宝品牌的成长史比喻成丑小鸭到白天鹅的蜕变，那么梵克雅宝则是衔着金钥匙出生的贵族。作为一个令全世界名流、贵族，乃至皇室都为之倾倒的顶级珠宝品牌，它不仅在设计上独树一帜，更浸染了巴黎的浪漫气息，取法自然，在珠宝的殿堂里演绎着和谐轻盈之美，如一股清流赢得世人的赞誉。

如今，一提起梵克雅宝，人们不禁联想起婚姻、爱情、鲜花等美好的字眼，似乎梵克雅宝的珠宝与爱情有一种天然的联结，这并不是一种错觉，品牌的成立与发展确实都与爱情有关。

时间回溯到 19 世纪末，一位宝石商的女儿——艾斯特尔·雅宝（Estelle Arpels），邂逅了阿姆斯特丹钻石商之子——阿尔弗莱德·梵克（Alfred Van Cleef），一位宝石切割世家的翩翩公子，相似的家庭背景和爱好开启了他们爱情的序幕。这对年轻人的爱情顺理成章地得到两家人的认可，他们也在相处之中越来越有默契：对珠宝事业的热情，对宝石的热爱，勇于创新的精神，最为重要的是，他们都有对永恒与浪漫的信仰，正是这种坚定的信念将他们紧紧联系在一起。1896 年，他们步入了婚姻的殿堂。

两个结成亲家的宝石家族，在事业上也互相扶持，开始筹划创立一个新的珠宝品牌。1906 年，阿尔弗莱德·梵克和妻子的弟弟查尔

梵克雅宝

VAN CLEEF & ARPELS

因爱而生，取法自然

斯·雅宝（Charles Arpels）携手，以两个家族的姓氏命名了新的珠宝品牌——梵克雅宝（Van Cleef & Arpels），并在法国巴黎的芳登广场22号设立了第一个精品店，由查尔斯负责管理。1908年，艾斯特尔的弟弟朱利安·雅宝（Julien Arpels）加入公司，1912年，她的第三个弟弟路易·雅宝（Louis Arpels）也加入了。梵克雅宝这个家族企业，在阿尔弗莱德和雅宝家族的共同努力下，在欧陆市场取得了巨大的成功。

随着知名度的扩大，梵克雅宝的事业版图开始向外扩张。1938年，梵克雅宝以伫立在芳登广场的圆柱为设计之源，创造出一个内含品牌缩写字母VC和A的菱形符号，并通过注册。这个标志不仅代表着梵克雅宝对自我的定位，更蕴含着不忘初心的创业精神。从此，梵克雅宝的每件作品，都会印上这个独特的品牌标记。

1926年，阿尔弗莱德与艾斯特尔的女儿芮妮·普伊桑特（Renee Puissant）进入公司，成为梵克雅宝的艺术总监，她的丈夫瑞尼森·拉卡兹（Rene-Sim Lacaze）在1922年进入公司。1933年，路易·雅宝与时装模特伊莲娜·奥斯特罗夫斯卡（Hélène Ostrowska）举行了盛大的婚礼，梵克雅宝品牌更加受到法国时尚界的瞩目。

可以说，因爱而生的梵克雅宝，在100多年的时间里，一直作为爱的信使见证了很多伟大的爱情故事，并成为这些浪漫传奇的绝佳点缀，很多皇室名流都会选择梵克雅宝作为他们爱情的见证。

1936 年 12 月 11 日，爱德华八世在继位 11 个月之后，毅然辞去王位，成为英联邦历史上第一位自动退位的国王，退位后被其弟乔治六世封为温莎公爵。他之所以这样做，是为了迎娶他一生的挚爱——因为离婚而不被英国王室与民众接纳的辛普森夫人（Wallis Simpson）。

退位后的第二年，温莎公爵与辛普森夫人宣布订婚，并特别委托梵克雅宝为妻子定制了一条镶嵌着蓝宝石与钻石的手镯，并在这个蓝宝石手镯上刻下了 "For our contract，18-V-1937"（为了我们的约定，1937 年 5 月 18 日）字样。在爱德华退位几个月后，也曾送给辛普森夫人一条梵克雅宝的珍藏手链，并在搭扣上铭刻着两人的爱情隽语 "Hold Tight"（紧握）。

虽然这场爱情在一开始并不为人们所看好，甚至将其视为丑闻，但两人却无惧旁人的眼光，携手走过了 35 年的恩爱时光。在温莎公爵的眼中，皇位与权势都不及爱人的微笑来得真切与温暖，这个女人就是上天送给他的珍宝，他也要将最好的宝石献给她。温莎公爵经常花费几个小时与设计师沟通制作的细节，为这些赠予妻子的作品附上自己的特别设计，而这份炽烈的爱情也没有因为时间的流逝而消散。在妻子 40 岁生日时，温莎公爵为她定制了一条由梵克雅宝的设计师瑞尼森·拉卡兹设计的项链，项链的中间部分由红宝石制成，可以自由拆卸，放置在项链的中央或一侧。项链的钩扣上铭刻着他的心意："My Wallis from her David，19.VI.1936."（我的沃利斯，她的戴维赠，1936 年 6 月 19 日）。

可以说，梵克雅宝见证了温莎公爵伉俪各个阶段的爱恋，在他们相伴的 35 年中，温莎公爵向梵克雅宝定制过很多特殊样式的珠宝，也催生了梵克雅宝的两件经典设计："Zip"拉链项链和"Cadenass"腕表。

摩纳哥王妃格蕾丝·凯利也是梵克雅宝的忠诚客户。

1956 年，格蕾丝·凯利即将与摩纳哥王子雷尼尔举行婚礼，受到人们巨大关注。王子特别向梵克雅宝定制了一套镶嵌珍珠与钻石的珠宝作为赠予未婚妻的订婚礼物。这套珠宝包括一条三圈项链、一对手镯、一对耳环及一枚指环，整体设计柔和温润，正与格蕾丝·凯利的优雅风姿相得益彰。这套珠宝陪伴王妃出席过很多次官方场合与私人聚会。1956 年，梵克雅宝品牌荣获"摩纳哥公国指定供货商"的头衔。

酷爱珠宝的格蕾丝·凯利王妃曾多次前往位于摩纳哥的梵克雅宝精品店选购珠宝，包括一枚以钻石和蓝宝石镶嵌的花朵胸针、一串于 1970 年代设计的黄金糙面长项链、"Alhambra"项链、"Roses de Noël"胸针和耳环、一个"Daisy"百宝匣、一顶"Swan"头冠、珊瑚和钻石长项链及胸针套装等。摩纳哥的埃尔伯特王子曾如是说："摩纳哥王室和梵克雅宝之间的关系一直都非常特别，引人瞩目，尤其是对我父母来说。他们与梵克雅宝的关系从订婚首饰开始，我母亲一生都对这些在纽约打造的光彩夺目的珍珠与钻石项链及耳环珍爱有加。这些珠宝见证了格蕾丝王妃生平一些最为私密的时光。"

梵克雅宝

VAN CLEEF & ARPELS

因爱而生，取法自然

四叶草的幸福印记

　　找到一个最能代表品牌风格的标志性形象对品牌来说是至关重要的，比如香奈儿的山茶花、卡地亚的豹子、巴宝莉的格纹等。这个风格标志必须简单却极具辨识度，是大众熟悉的事物但设计上不落俗套，对于珠宝品牌来说，它还必须能够表现品牌的材质和工艺特色。

　　四叶草作为梵克雅宝最具辨识度的设计。相较于卡地亚选择豹子这样的猛兽形象显示出"皇室珠宝商"的霸气，以及宝格丽的蛇形图腾营造出的神秘和瑰丽感，梵克雅宝的选择似乎显得过于风轻云淡了。

　　四叶草的样式和故事，是大家耳熟能详的，它也被称为"幸运草"。多出一片叶子的三叶草被赋予了美好的寓意。"第一片叶子代表忠诚，第二片代表希望，第三片代表爱，第四片代表幸运。"

　　如果用一个人物来比喻梵克雅宝的话，它就像一名在贵族家庭长大的教养和品位良好的少女，喜欢浪漫主义的小说，憧憬幸福美满的婚姻和家庭，相信各种纯真的童话——这些都会令人不由自主地想起生于珠宝世家的艾斯特尔·雅宝。

　　1906年6月16日，梵克雅宝在巴黎芳登广场22号的第一家精品店开业，成为最早入驻芳登广场的珠宝品牌之一。就在第二年，梵克雅宝的特别定制"Varuna"帆船模型问世了。随后，各个款式的经典之作接二连三面世，梵克雅宝的知名度越来越高。在梵克雅宝初期的设计中就很喜欢使用植物元素。1968 年首款"Alhambra"项链，即经典的"四叶草"系列正式诞生。

从此梵克雅宝有了永恒的代表作，就像卡地亚的豹、宝格丽的蛇、路易威登的花纹一样拥有无可替代的辨识度，一直被模仿，从未被超越。

Alhambra 这个词其实并没有四叶草的含义，而是源于西班牙格拉那达的一座历史悠久的阿拉伯宫殿"Alhambra Palace"，这座宫殿的花园中有一个喷泉是四瓣叶线条。

"Alhambra"四叶草幸运系列的创作者是艾斯特尔·雅宝的侄子雅克·雅宝（Jacques Arples），他有一句名言："心怀幸运之愿，方能成为幸运之士。"据说，有一次，他在位于热尔米尼 - 勒维尼的大宅花园里采摘四叶草，然后赠予众员工，并附上自己喜欢的诗歌《Don't Quit》（《不要放弃》），以鼓励他们要心怀希望。

在每年 1 月份，雅克·雅宝都会送出白底红边的心意卡，里面写上有关爱或幸福的格言，而他最喜爱的格言就是："坠入爱河的男人，面对令他快乐的女人，绝对无法拒绝她的任何要求。"

这些格言的轻盈和唯美恰如其分地融进了梵克雅宝的设计中。尤其是其代表作"Alhambra"四叶草系列，图案简单，以 K 金勾勒轮廓，显得更为雅致。

自 1968 年"Alhambra"四叶草系列珠宝诞生以来，它就以迅雷不及掩耳之势俘获了一众粉丝，至今，除了有重现原版设计的"Vintage Alhambra"系列外，还有"Magic Alhambra"系列，"Sweet Alhambra"系列，"Lucky Alhambra"系列和"Byzantine Alhambra"系列，不仅款式多变，连色彩和尺寸都可以根据喜好自由选择。其材质的种类非常丰富：珍珠贝母、绿松石、红玉髓、玉髓、缟玛瑙、孔雀石、蛇纹木，等等。这些宝石的甄选过程非常严苛，这就保证了梵克雅宝"Alhambra"四叶草图案的完美。比较常见的款式是一片四叶草图案配以纤细的链条，事实上，这个款式现在泛滥的程度已经非常高。

如何辨别真伪呢？第一，每一件梵克雅宝的珠宝上都有经典的品牌Logo——全称"Van Cleef & Arpels"或者缩写"VCA"。一些仿冒品会直接写上"Van Cleef"；第二，每一件"Alhambra"四叶草图案的金色边缘都只用18K金打造，所以皆印有"750"的标记。如果没有就要怀疑其是不是正品了；第三，任何一款'Alhambra"四叶草图案首饰，不论采用何种材质打造，都是严丝合缝、没有瑕疵的。

摩纳哥王妃夏琳有一条世界上独一无二的专门为她定制的"Alhambra"四叶草项链。后来，梵克雅宝发售了15套相似的限量版，价格10.27万欧元，销售的利润有一部分捐赠给夏琳王妃赞助的慈善机构和基金会，其中有一条在2011年8月5日捐给了巴尔德拉十字日晚宴。

将自然之美发挥到极致

　　梵克雅宝，这个因爱而生的珠宝品牌，它不同于卡地亚的高贵，不同于蒂芙尼的华丽，它虽是人工打造，却力求自然唯美，它的每一个作品都像一个浪漫唯美的精灵，富有诗意，将自然与艺术结合得惟妙惟肖。

　　从梵克雅宝创立开始，自然就是它最钟爱的灵感之源，自然界的各种生物和律动，都是设计师们取之不尽、用之不竭的素材宝库，他们将自然界的生命力注入作品，在人们的举手投足间绽放灵动光彩。

　　为了将这种自然之美发挥到极致，梵克雅宝的设计师和工匠们做了无数尝试。一般来说，珠宝宝石的选择有四大标准：切割、内含物、重量以及色彩，但梵克雅宝还有第五个标准：宝石的个性。就像大自然中找不到两片完全相同的树叶一样，也找不出两块完全相同的宝石，保留每块宝石的独特之处，是体现宝石个性的根本。还有宝石的制作，无论如何，手工制作的珠宝都会留下人力穿凿的痕迹，如何将人工的痕迹降到最低呢？这就要提到梵克雅宝的一个最重要的武器——隐秘式镶嵌法。

　　这种"隐秘式镶嵌法"指的是在饰品正面完全看不到任何金属支架或底座，所以也叫"不见金镶"，这种镶嵌技术非常独特且费时，先要用黄金或铂金制成的"金线"做成超薄的方格黄金网作为镶座，每个方格的直径不到 2mm。然后工匠要将宝石进行数小时的切割，在宝石的底部和四周，切割出特别的沟槽，使它们准确而牢固地卡在黄金网格中，如此一来，从正面看上去，这些镶嵌的珠宝就像自然形成的一样，完全没有肉眼可见的镶爪与缝隙，只有在作品的背面，才能看见那些金网，既美观又牢固。

这种镶嵌技法说起来简单，实现起来却不那么容易，将这样的宝石与网格完美结合，需要多年经验和技术的积累，很多负责这项工作的宝石工匠都有二三十年的珠宝设计与制作经历，即使是这些能工巧匠，镶嵌一颗宝石也至少需要 90 分钟的细致打磨，一位工匠制成一件珠宝，需要花费数百甚至数千小时，有些高端设计甚至需要几年。

这种隐秘式镶嵌虽然繁复，但却能最大限度地表现宝石的颜色与亮度，让设计简洁悦目，无论是薄如蝉翼的翅膀还是晶莹剔透的雪花，都能完美再现它们的细腻与灵动，将梵克雅宝追求天然的制作理念表现得淋漓尽致。

1934 年，梵克雅宝申请了"隐秘式镶嵌法"的专利，而第一件应用这项技术的珠宝作品是"Minaudière"百宝匣，于 1934 年问世，大小正好能够存放化妆品或糖果，盒盖与盒扣上装饰有简单的几何线条，由于使用了"隐秘式镶嵌法"，不仅增加了作品的灵气，也增强了盒子上宝石的牢固性，集优雅与精巧于一身。说起这个百宝匣的由来，还有一个小故事：一次，查尔斯·雅宝在拜访社交名媛佛罗伦斯·杰·古尔德时，发现她将所有的美妆用品与香烟、打火机，一起放在一个盒子里，因为没有合适的器具去装，显得非常不雅。为此，雅宝萌生了创作百宝匣的念头，设计出了"Minaudière"。

近年来，梵克雅宝在中国的市场份额与日俱增，在所有的产品中，最受中国买家喜爱的是"Alhambra"四叶草系列和"情人桥"系列腕表。温莎公爵曾对妻子说："我永远不会放弃你，永不后悔。如果让我再选择一遍，我还选择你。"这句话对梵克雅宝的顾客也同样适用，因为它从未让人失望。

08

GIANMARIA
BUCCELLATI

Since 1919

蒲昔拉蒂
BUCELLATI

:

仙 女 的 饰 物

创始人：

马里奥·蒲昔拉蒂

品牌诞生地：

意大利米兰

品牌总部：

意大利米兰

品牌历史：

1919年，马里奥·蒲昔拉蒂在米兰开设了第一
家蒲昔拉蒂珠宝店。1952年，蒲昔拉蒂成为第
一个进入美国市场的意大利珠宝商。1973年，
马里奥的儿子吉安马里亚·蒲昔拉蒂在意大利创
办了"意大利宝石学院"。1979年，蒲昔拉蒂
专卖店入驻巴黎。1981年，意大利总统授予吉
安马里亚·蒲昔拉蒂"巨十字武士"勋章，以表
彰他在文化艺术上的贡献。2013年被誉为"时
尚花园"的蒙田市场迎来了蒲昔拉蒂家族第四代
继承人露西、卡洛塔和萨娅的最新作品——"蝴
蝶·雏菊花样年华"系列银饰。

历代掌门人：

马里奥·蒲昔拉蒂为品牌创始人，1965年马里
奥去世后，他的儿子吉安马里亚·蒲昔拉蒂继承
家族生意。现由吉安马里亚的三个孩子基诺、
安德拉、玛利亚·克里斯汀娜帮父亲一起打理
生意。

三代人的传承

意大利作为欧洲文化的摇篮，蕴藏着很多宝藏。"金艺王子"马里奥·蒲昔拉蒂就出生在这样一个国家。早在 1750 年，蒲昔拉蒂家族就是米兰著名的金匠之家了，但是这个姓氏并没有给马里奥带来余荫，1906 年，年仅 14 岁的他终止了学业，开始为生计另做打算。

意大利作为文艺复兴的发源地，打破了欧洲中世纪的思想枷锁，在艺术领域取得了蓬勃发展，珠宝行业作为一个分支，也获得了不小的突破。马里奥·蒲昔拉蒂选择了珠宝行业，并在意大利第二大城市米兰拜当时的著名金匠贝特拉密为师，走上了金银珠宝雕刻之路。

经过 13 年的学习磨炼，在贝特拉密去世的 1919 年，马里奥继承了师父的衣钵，并且颇有眼光地选定了当时米兰很著名的一所珠宝学院旧址开设了第一家蒲昔拉蒂珠宝店。由于精湛的技艺和高超的艺术造诣，马里奥很快便在当地声名大噪。很多富商和贵族争相订购他的产品。1952 年，美国开设了第一家蒲昔拉蒂分店，蒲昔拉蒂成为第一个进入美国这个新世界的意大利珠宝商，也把意大利珠宝艺术带给了更多欣赏它的人。

马里奥对文艺复兴时期的艺术有执着的追求，他学习了当时险些失传的传统金银雕刻艺术——织纹雕金。并通过自己的研究，对原来的技术进行了突破，成为蒲昔拉蒂的独门技艺。马里奥一生创造了无

蒲昔拉蒂

BUCELLATI

仙女的饰物

数件珍宝，他在 1960 年设计的一枚戒指，采用高贵、晶莹剔透的蓝宝石，以三维边缘切割技术进行镶嵌，散发着皇室威严华贵的气息，这枚戒指至今仍然具有极高的收藏价值。

1965 年，蒲昔拉蒂的创始人马里奥去世后，他的儿子吉安马里亚·蒲昔拉蒂开始完全继承家族的珠宝生意，并把蒲昔拉蒂品牌推向了全世界。

吉安马里亚同样钟情于文艺复兴时期的艺术，在继承父业的基础上又提出"一切创作源于自然"的理念，崇尚自然主义的他，让自然界的花草、动物都成为作品的设计之源，为蒲昔拉蒂的设计注入了新的血液。

吉安马里亚也善于在其他的古老国度捕捉灵感，中国的凤凰，曾被他用于各类珠宝设计中。他曾经说过："我个人对凤凰有一种独特的热爱，它羽毛的舞动，重生的传奇色彩对我影响很深。"他研发出的"鸡尾酒"系列耳坠，有 65 个不同的款式。

为了全面拓展家族事业，吉安马里亚于 1973 年在意大利创办了"意大利宝石学院"，为想要走进珠宝殿堂的年轻人提供学习机会。意大利总统肯定了吉安马里亚的不懈努力，并在 1981 年为其颁发了"巨十字武士"勋章。作为意大利的最高荣誉，这样的勋章在 2004 年也曾颁发过一次，是为了表彰斯皮尔伯格通过电影记录纳粹屠杀的历史。

蒲昔拉蒂始终是一个家族企业，这种一脉相承的家族式工作坊能毫无保留地传承品牌的精华。之后，吉安马里亚的三个孩子也开始对蒲昔拉蒂品牌发挥举足轻重的作用。大儿子基诺，精明强干而精于技艺，主要负责银器部；二儿子安德拉则更加具有艺术天赋，全权负责美国和意大利分公司的产品设计和生产；最小的孩子玛利亚·克里斯汀娜拥有着非凡的商业能力，负责腕表部的品牌推广。近百年的传承从未间断，不曾易主，这样的坚守尤为难得。其独特的工艺，始终坚持的纯手工制作，加上别具匠心的设计，使每一件珍品，都能让人感受到那份来自古老时光里的感动。

现在，蒲昔拉蒂的第四代传人也有了自己的风格。露西、卡洛塔、萨娅三位就是新的一代，由他们创作的"蝴蝶·雏菊花样年华"系列银饰，受到了普遍的欢迎。像吉安马里亚一样，她们也善于在自然界寻找灵感，萨娅曾在接受媒体采访时坦言自己选择雏菊作为设计图案的过程。几个姐妹都想拥有一款珠宝——能搭配任何场合和任何衣着，并且质地要轻盈，以便轻松出入一些不那么庄重的场合，像是同龄人之间的聚会或者小型的家庭聚会。很多珠宝太贵重，不太适合日常佩戴，而这次所推出的"蝴蝶·雏菊花样年华"系列就很好地解决了这类问题。雏菊作为意大利的国花，因色彩和谐、娇小玲珑、错落丛生，象征着永远的快乐和藏在心底的爱，广泛应用于各种领域。珠宝上的雏菊图案使珠宝更加绚丽，又平添了几分清新感。三姐妹别具匠心地用家族的传统工艺把黄金和纯银的材质完美地结合在一起，为这个系列的珠宝又增添了一种年轻的气息。而象征着爱情和幸福的蝴蝶，围绕在花朵周围，在时光中恣意飞舞。

我们有充足的理由相信，蒲昔拉蒂，这个家族企业会代代传承，而不会随着时间的流逝而湮没，就像他们用心创造的珠宝一样，历尽沧桑，从容不迫，永远散发着迷人的光彩。

织纹雕金技术与黄金蕾丝

黄金从古至今都是财富的象征，蒲昔拉蒂看到了黄金极好的可塑性，将16世纪就开始在欧洲宫廷使用的甜美婉约的蕾丝，与黄金完美结合，这种巧夺天工的结合使黄金不再那么生硬，让佩戴它的女人更加妩媚曼妙。

蒲昔拉蒂的织纹雕金技术可以追溯到文艺复兴时期，14世纪的意大利城市经济繁荣，一场思想革命就在此爆发，手工业也发生了很多变化，珠宝行业尤甚。织纹雕金这项技术就是在那个时候兴起的，这项技术十分复杂烦琐，需要工匠们耐心地用古老特殊的工具将细若游丝的金丝一根一根"编织"起来，全手工制作，细致精湛的黄金雕刻，复杂的织物纹理，只要出一点错，都必须从头再来。因此，随着时间的流逝和社会的变迁，这项技术曾一度失传。而蒲昔拉蒂的创始人马里奥发现这项技术虽然烦琐但是具有别的雕刻技术所不能产生的效果。威尼斯地区当时非常流行蕾丝，蕾丝质地轻薄通透，优雅又不失神秘感，很适合表达复古、典雅的风格。马里奥灵机一动，是不是可以把坚硬的黄金与柔软的蕾丝结合起来呢？他相信这样的结合会带来出人意料的惊艳效果。

他选择了"织"这种原本只能用在纺织品上的技术。而"织黄金"虽然能够产生丰富的图纹，但难度也是不可想象的，需要在薄薄的金板上雕琢出设计图纸上细致的蕾丝图案，全程都需要工匠高度集中注意力。还需要运用独特的切割工艺，使用古老的工具进行平行切割，让黄金表面具有独特的如丝绸般的光泽。

运用这项技术的蒲昔拉蒂珍宝数不胜数，其中，"Ramage"系列，就利用了黄金蕾丝工艺，并且在每一片叶子上都精心镶嵌有迷人的钻石。还有"Rombi"系列同样运用了黄金加铂金的蕾丝工艺，这系列的戒指外观华丽，质地轻盈。由吉安马里亚设计的黄金蕾丝手镯——中国国宝大熊猫工艺手镯也曾在意大利展出。

蒲昔拉蒂的"Macri"系列，织纹雕金技术与钻石结合，就像是无意中飘落在佩戴者手腕上的雪片，丝滑绚丽。由蒲昔拉蒂的第四代传人萨亚展示的一款新品，灵感来源于春天散发出沁人香味的栀子花，不仅每件作品都有着经典的织纹图案，而且每一面都有缤纷的花朵绽放，轻灵生动。还有一款花朵造型的耳钉和胸针，用铂金做花瓣，黄金做花蕊，使花朵原始的美毫无保留地呈现在人们面

蒲昔拉蒂

BUCELLATI

仙女的饰物

前。如今，织纹雕金这项最负盛名的技术已经开始运用在蒲昔拉蒂的腕表上，同样为纯手工打造，每块腕表都有细微的差别，尽显独特性。

蒲昔拉蒂还有一项独门技艺——蜂巢工艺，是吉安马里亚在织纹雕金技术基础上做出的创新。

第一步是在薄薄的金片上画出设计稿，这是所有工序的基础。之后需要在黄金薄片上的每个圆的中心进行钻孔，每个细小的孔都要大小一致，用袖珍的钻孔机纯手工操作。这个过程本身就需要极大的耐心和细心才能完成，否则很容易使原材料作废。下一步就是雕刻了，使用蒲昔拉蒂独有的蜂巢技术，再使用一根浸有滑石的极其细小的棉线，对每一个蜂巢孔都进行抛光。然后挑选大小风格适合的宝石镶嵌在黄金上，这两个步骤十分重要，因为宝石与黄金的配合很大程度上决定了整个珠宝的绚丽程度。镶嵌过程也是极其漫长的，因为纱网的结构要求整个过程都必须把握好度，以保证每颗宝石无论在哪个方向的光线下都能熠熠生辉。

镶嵌好珠宝后，还有进一步的雕刻，工匠们在放大镜下对珠宝进行雕琢。这个过程也同样体现了对文艺复兴时期传统工艺的传承，因为这个步骤必须要使用一种很古老的工具——冰凿，完美呈现出珠宝的错落有致。蒲昔拉蒂一直坚持即使最微小的细节也必须做到完美。最后，为了保证珠宝能有长期保有最佳的反射度，不易被氧化，必须要进行抗氧化处理。负责抛光的工匠们给珠宝涂上一层艺术搪瓷，保护其表层的颜色；然后通过特殊的洗剂把珠宝在制作过程中产生的杂质去掉；最后镀铑，由于铑这种金属具有很高的反射率，会使金的表面更加闪耀。

蒲昔拉蒂的质量从来不会向数量做出妥协。虽然现代工业技术不断进步，很多产业都开始选择批量生产，这样不仅能节省时间还能有效降低成本。而蒲昔拉蒂却没有随波逐流，始终坚持手工制作，秉承着对传统的尊崇，在制作过程中苛求细节，孜孜不倦地研究新图案，寻找新灵感，让每一件作品都与众不同，每一件作品都仿佛有着几百年的历史底蕴，带有遥远的文艺复兴时期的艺术气息。

来自世界名画的灵感

蒲昔拉蒂珠宝自诞生之日起，就与绘画艺术有着密切的关系。创始人马里奥喜欢绘画，他把自己对绘画艺术的感悟融入珠宝设计中。俄国抽象主义绘画的先驱米凯尔·拉里昂诺夫，善于用色块来表现四维视觉，他的作品《蜘蛛网》中特别的蜘蛛网图案给马里奥带来了灵感，设计出一枚精美绝伦的戒指。拉里昂诺夫的另一幅画作《普莱斯特耐克浅蓝色的海》，也是马里奥的创作来源，他选用663颗圆形明亮切割的钻石，用鬼斧神工的雕刻镶嵌技术创作出一件绝美的手镯。

印象派艺术家克劳德·莫奈于 1886 年所作的《百丽岛的海岸风暴》，让善于从绘画中汲取灵感的马里奥创作出一对耳环，耳环上的纹路就像是画里的海岸风暴一样有着优美的曲线，上面镶嵌有 1066 颗钻石和 354 粒帕拉依巴碧玺，动感和色彩的强烈变化，让人目瞪口呆。

还有一款镶有钻石的黄金白耳环，形状像是一只翩翩起舞的蝴蝶，镂空的设计加上颇有动感的图案让人爱不释手，这款耳环也是马里奥早年在法国象征主义画派的大师奥迪隆·雷东的画作中得到的灵感。

蒲昔拉蒂的第二代传承者吉安马里亚对大自然这位伟大的艺术家创造的、没有经过任何人工雕琢的"异形"珍珠——巴洛克珍珠，特别钟爱。巴洛克珍珠色泽温润，看似不像其他形状规则的珍珠那样起眼，但细细体会便能感受到这种低调的华贵。奥维德曾经说过，艺术的成功在于没有人工雕琢的痕迹，而巴洛克珍珠这种没有修饰过的外形更能让人们感受到来自大自然的艺术品的魅力。吉安马里亚根据其原本的形状，设计了一只祥龙胸针，耗时 8 个月，工匠们才完成了这件作品。

真正的艺术品不会随着时间的流逝而失去价值，蒲昔拉蒂的"永恒"系列珠宝想给我们表达的正是这样一种情怀。这一系列的制作过程也需要经历很多"磨砺"。第一步需要用黄金打底，铂金镶边。把这两种金属镶嵌在一起的时候，需要注意留有一定的空间，以便后续的雕刻。然后在划分好的空间里进行穿孔，铂金与黄金始终要保持平行状，这样的平行雕琢也是蒲昔拉蒂的代表技术之一。之后用覆盖有滑石的棉线对每一个孔洞进行精心抛光，去除之前留下的碎屑。随后在铂金的镶边上进行雕琢加工，这个过程都需要使用古老的道具手工完成。最后再镶嵌好精心挑选的钻石，勾勒好外部的轮廓，一件炫烂夺目的艺术品就这样诞生了。

罗曼·罗兰曾说，艺术的伟大意义，是它能显示人的真正感情、内心生活的奥秘和热情的世界。蒲昔拉蒂的订婚戒指"浪漫"系列中有一款叫"布莱曼"的作品。欧洲古典神话中独立、勇敢的女英雄布莱曼，为了营救自己心爱的人鲁杰罗，孤身一人女扮男装来到巫岛，毫不畏惧地与巫婆搏斗。设计师把对故事的理解寄托于一枚戒指上，戒指旁镶嵌有两颗夺目的钻石，分别代表女性的事业和爱情，坚强和柔情。

她们都爱蒲昔拉蒂

作为当下华人圈最著名的女作家之一，亦舒以其清新细腻的笔触受到无数粉丝的追捧。在迄今为止亦舒出版的几百部作品中，不乏对穿衣打扮的描写，在粉丝心中，亦舒的小说是名副其实的"时尚圣经"。

亦舒曾多次在作品里提到蒲昔拉蒂。她这样描写："白金夹黄金，小巧的宝石，异常精致的图案，纤细多姿的犹如神话中仙女佩戴的饰物，引人入胜，因有种迷茫的魅力，现实生活中罕见，镶作鬼斧神工。"

一代天后梅艳芳，曾是多少人疯狂追随的偶像，却红颜早逝，令人嗟叹。梅艳芳的感情道路颇为坎坷，但每个女人都梦想着穿上最美的嫁衣嫁给深爱的那个人。梅艳芳也不例外，她曾经定制过一套蒲昔拉蒂珠宝作为自己的嫁妆，想象着终有一天佩戴蒲昔拉蒂，完成幸福的转身。但世事难料，由于家族性遗传，梅艳芳患上了乳腺癌，最终没能实现这个心愿，这套蒲昔拉蒂也作为梅艳芳最喜爱的遗物被束之高阁。

在梅艳芳的最后一次演唱会上，我们目睹了这套寄托了她所有爱情幻想的蒲昔拉蒂珠宝。她身着著名服装设计师刘培基为她设计的婚纱，佩戴着她为自己定制的蒲昔拉蒂，唱着那首夕阳之歌……梅艳芳决定把自己嫁给深爱的舞台。

曾为美国南卡罗来纳州众议院成员的贝斯·本斯顿，在其《我的魅力人生》一书中有一整个章节都在描述自己对蒲昔拉蒂这个珠宝品牌的美好回忆，并以珠宝作为自传的结尾。

蒲昔拉蒂的个人定制与纯手工制作，能让每件成品都与众不同，展现了整个家族几百年来的内心世界。蒲昔拉蒂一直尝试在技艺创新的同时，从不同时期的艺术作品中汲取营养，为每一件珠宝都赋予独特的艺术气质。蒲昔拉蒂的作品，将艺术定格，散发着永恒的魅力。

蒲昔拉蒂
BUCELLATI

仙女的饰物

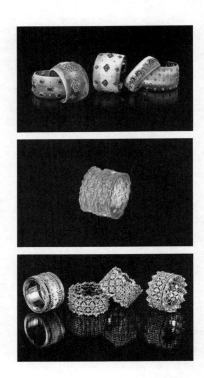

09

DAMIANI
Fine Jewelry

Since 1924

德米亚尼
DAMIANI

:

诠释意大利工匠传统

创始人：

恩里科·葛罗西·德米亚尼

品牌诞生地：

意大利佛罗伦萨

品牌总部：

意大利佛罗伦萨

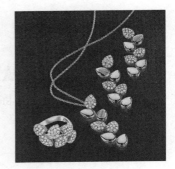

品牌历史：

1924年，恩里科·葛罗西·德米亚尼开始用钻石设计和制作珠宝饰品，精巧的杰作被送往当时的贵族家庭，不久之后他便在业界取得了良好的声誉。恩里科的儿子德米亚诺，为家族品牌的珠宝确定了延续至今的鲜明风格，在新技术的研发上大量投入。传统和创新的完美结合，使德米亚尼取得了更高的成就。1976年开始，德米尼亚的作品多次获得国际钻石大奖。家族第三代领导者开始在意大利之外开设子公司和专卖店。2007年，集团在意大利证券交易所上市。

历代掌门人：

恩里科·葛罗西·德米亚尼是品牌的创始人。他的儿子德米亚诺实现了德米亚尼从小型工作室向珠宝品牌的转变。家族第三代领导人，将品牌发展成国际化的集团公司。

在一枚戒指中看见意大利风情

"珠宝是一种艺术，就像一个装满历史记忆的盒子，在这个小小的物体上，保存着它所属的时代特征和人们对美丽的梦想和诠释。所有的创作都源于对美的敏感捕捉。"这是意大利罗马地区金银首饰协会主席保罗·包里罗先生曾经说过的一段话。

意大利的珠宝文化可以追溯到伊特拉斯坎人。公元前8世纪至前7世纪，伊特拉斯坎人的都市文明达到顶峰，这是一个生活在古代意大利西北部，台伯河和亚努河之间的古老民族。由氏族社会过渡到阶级社会以后，手工业和商业发展繁盛。伊特拉斯坎人还是技艺高超的工匠，他们的墓地中埋葬着许多贵重的珍宝，材质以黄金居多，制作工艺华美而粗犷。后来古罗马文明渐渐将伊特拉斯坎文明同化，但是粗犷不羁的珠宝文化以及精湛的黄金锻造技艺的影响力仍在持续，奠定了意大利珠宝工艺的基石。

漫长的中世纪，教权在欧洲人民的生活中占据着异常重要的地位，禁锢一切思想上的创新，动辄就以"异端"的名义对人民进行迫害，直到"文艺复兴"，欧洲的文化艺术才开启了新时代。

意大利文化名城佛罗伦萨，正是文艺复兴的发源地。14世纪，"旧时代的最后一位诗人，同时又是新时代的第一位诗人"但丁和他著名的长诗《神曲》带着"人类的自由意志"成为文艺复兴的先驱。16世纪，

德米亚尼

DAMIANI

诠释意大利工匠传统

文艺复兴达到鼎盛：拉斐尔秀美典雅的绘画、达·芬奇高层次的精神生活及广博的科学研究、米开朗基罗热情奔放和富有力量的雕塑，给了当时在荒诞的宗教神学、愚昧的教士以及贪婪的封建贵族的夹缝中偷生的芸芸众生以温暖和充满希望的曙光。此前的很长一段时间，欧洲文明如同一潭死水，文艺复兴开始以后，这一潭死水，瞬间变成了汹涌的江河。

"黑暗的时代"已经过去，一切精致，一切华美，一切奢华都不再为宗教和神祇所独享，珠宝开始了一段最美妙的旅程。长时间蛰伏的灵感与智慧开始用尽全力呼吸生长，取代了哥特式建筑的巴洛克式建筑，莎士比亚的悲喜剧，人物繁多、气势磅礴的壁画，甚至清晨的第一缕阳光和小巷里的一块鹅卵石，都可以成为珠宝匠人们可以汲取的营养。

"头顶白树上的风声，沙沙的，算是我的丧歌，这一阵清风，橄榄林里吹来的，带着石榴花香，就带了我的灵魂走，还有那萤火，多情的殷勤的萤火，有他们照路，我到了那三环洞的桥上再停步，听你在这儿抱着我半暖的身体，悲声的叫我，亲我，摇我，哑我……"这是徐志摩《翡冷翠的一夜》中的诗句。翡冷翠（即佛罗伦萨）的美，让人心悸动。

1924 年，战争的硝烟刚刚散去不久，伤亡 65 万官兵的意大利军队仍然处在战争的阴云中。由于主战场在法国附近，意大利国内并未遭受太大的损失，一切都在悄然复苏。

迫于生计，恩里科·葛罗西·德米亚尼（Enrico Grassi Damiani）从少年时开始学习珠宝制作。他颇具天赋，很快便掌握了一整套的工艺。出师后，创办一家自己的珠宝工作室便成为恩里科·葛罗西·德米亚尼心头萦绕不去的梦想。但是，该死的战争打破了这个计划，意大利和奥匈帝国边境线的拉锯战，让整个意大利陷入恐慌，德米亚尼也不得不将这个愿望压在心底。

熬过了艰难时期，1924 年，在佛罗伦萨街头，恩里科·葛罗西·德米亚尼成立了一个小型工作室。工作室开办初期，由于资金有限，只能做一些简单的设计和加工业务。幸好，多年的积累，有一批老客户始终追随着德米亚尼，工作室逐渐打开了高端市场，赢得了贵族和富商的青睐。当时许多颇具影响力的家族指定德米亚尼为专属珠宝设计师。

英雄总会老去，恩里科·葛罗西·德米亚尼也不例外，庆幸的是他的儿子同样非常热爱珠宝事业。老德米亚尼去世后，他的儿子德米亚诺（Damiano Damians）接管了家族珠宝事业。

接受过良好教育的德米亚诺有更广阔的视野，上任后，他对整个珠宝市场做了详细的分析，最终确定了德米亚尼的发展方向：在遵循传统设计风格的同时，点缀流行的创意元素。德米亚诺认为作坊式的工作室，已经不适应当时的珠宝市场，他非常重视品牌的塑造，将小型工作室转型成珠宝品牌。同时，家传的工匠文化让德米亚诺始终重视珠宝技艺，投入大量资源和精力在新技术的研发上，最终研发出了独特的半月形钻石镶嵌技法。这些举措为德米亚尼这个百年品牌，确定了延续至今的鲜明风格。

拥有精湛的技艺并不代表拥有出色的品牌管理能力，但是德米亚诺做到了两者兼具。20 世纪 80 年代开始，公司开始对宣传推广风格做出改革，他们邀请世界上最好的摄影师拍摄产品，让照片里精美绝伦的珠宝"开口说话"，直接与它们的潜在消费者进行沟通。让消费者对产品从认知到认可，甚至开始在他们的精神和思想里占有一席之地。

到了家族第三代领导人基多、乔治和西尔维亚时期，作为老德米亚尼的孙辈，他们加快了品牌的发展进程。和所有品牌的扩张模式相似，德米亚尼在世界主要城市的最繁华商业区开设子公司，管理着 32 个直营店和 50 个特许经营销售点，将一个家族企业转变成集团公司。2007 年，德米亚尼集团在意大利证券交易所上市，完成了商业品牌的蜕变。

德米亚尼的"奥斯卡"之路

2016 年的 2 月 28 日，42 岁的莱昂纳多·迪卡普里奥凭借电影《荒野猎人》获得第 88 届奥斯卡金像奖最佳男演员奖，捧得小金人。16 岁出道，主演了多部佳片的莱昂纳多，多次获得奥斯卡提名，却总是抱憾而归。人们说他获奖是理所当然，但他在颁奖礼上强调此次获奖并非理所当然，世界之大却没有什么是理所当然的。《荒野猎人》全片在加拿大以及阿根廷偏远地区的恶劣、极端条件下拍摄了长达九个月，真正诠释了什么叫作用生命演戏。莱昂纳多一定希望得到"实至名归"的赞扬。

奥斯卡，这个可以说是全世界最有影响力的电影奖项，它的权威

德米亚尼
DAMIANI
诠释意大利工匠传统

的树立绝非一蹴而就，人们对它的认可因其本身对规则的恪守和对电影艺术的尊重。在钻石界，也有一个被誉为"奥斯卡"的奖项——国际钻石大奖。它是由钻石巨擘戴比尔斯推出的钻石设计奖，同时也是国际珠宝行业最具权威性的设计奖项之一。相比莱昂纳多，德米尼亚在珠宝界的"冲奥"之路，则顺畅得多，从1976年至今，它18次获得国际钻石大奖，保持着这个一直被挑战、难以被超越的世界纪录。

如果把德米亚尼这个品牌比喻成一个有血有肉的艺术家，那么它一定是个叛逆狂野、特立独行但又能洞悉市场甚至人心的天才。

20世纪40年代，欧洲装饰艺术运动兴起十余年后，德米亚尼率先改变设计思路，以一款现代风格的由方形切割钻石"束起"的巨大的玫瑰金弓形戒指先声夺人，独特的造型和体积开了装饰风格珠宝的先河。

20世纪五六十年代，德米亚尼又掀起现代风潮，它大量运用色彩丰富的半宝石，走在意大利珠宝的前沿。黑色珐琅附着在白金底座上的对比鲜明的设计，带有战后的清新气息。它将流行元素融入产品，不断推出极富时代感的全新设计，潜移默化地影响了人们的审美取向。

1976年，德米亚尼家族荣誉主席暨首席设计师的母亲盖比瑞拉·德米亚尼（Gabriella Damiani）设计了一款可谓无价的手镯，用铂金和黄金打造而成，铺满总重41.19克拉的钻石，纯净的白色钻石加上均匀的黄色钻石似乎可以点亮周遭的一切。整个手镯呈现出一个鲨鱼唇咬合的造型，危险又性感，略带侵略性却十分优雅，和手臂完美贴合,诠释了"致命吸引"的含义。所以说,最优秀的设计者要么赶超时代,要么勇于创立新时代。无论哪个时代的眼睛,都能看出它的不凡与超群。这款鲨鱼唇为德米亚尼获得了第一个国际钻石大奖。

进入20世纪80年代,德米亚尼率先采用珠宝代言人的方式进行营销。2000年,它将饰演电影《苔丝》女主角的娜塔莎·金斯基与品牌形象联系在一起,成为出色营销的经典案例。德米亚尼将名人的影响力发挥到极致,布拉德·皮特甚至曾参与德米亚尼珠宝的设计。2010年,为了占领美洲及亚洲市场,德米亚尼签约帕丽斯·希尔顿为品牌代言,取得了异常火爆的效果。

之后,德米亚尼接连不断地震惊世界珠宝界,将一个又一个国际钻石大奖收入囊中:1986年,德米亚尼以都铎王朝倒数第二位君主玛丽·都铎这位手段狠毒的女王为灵感源泉,创作出一款镶嵌有1121颗明亮切割及方形切割、总重87.98克拉的钻石项圈,这是一款极华丽的皇家风格的饰品,设计师把原本坚硬冰冷的金属和宝石变成了海上起伏的波浪,让其自然优雅地在颈部环绕。1988年,是德米亚尼大丰收的一年,共有10件作品获奖:"佛卡诺"手镯简单纯粹、粗犷自然;"佛卡诺"钻戒巧夺天工的双轨道与三角钻石熠熠生辉;"斯佩西亚"项链仿佛是未来世界穿越造访过现实世界的铁证;"翁达渔港"手镯轻柔地卷着世上最珍贵的漩涡向你涌来……1990年,"派若"手镯从深海中浮出水面,带着一抹仿佛在炫耀自己曾与神秘海洋生物共舞的戏谑微笑。1992年,"光芒"手镯带着它惊人的力量在天空中辟出一道绝美的线条，酣畅淋漓；"爱抚"指环在接踵而来的大雨滂沱中向你张开温柔的怀抱。1994 年，德米亚尼有 4 件作品获奖："烟花"指环狂野地以双螺旋式缠绕向上，在人们的指尖绽放出璀璨的粉金色光芒；"打击球"耳环像开在双颊边的两朵仙境花球，缥缈灵动，捉摸不定；"香港之光"项链让你仿佛置身于辉煌的维多利亚港；"日夜"手镯用单片黄金和蓝色珐琅，带你穿梭于日夜之间。1996 年，"雷达"手镯带来一场美妙的沙市蜃楼；"蓝月亮"耳环从古老而神秘的传说里款款而来，把你从规律世界缓缓拉进光影流动的深邃之境……1998 年，"车轮"手镯载着你的梦境驶来，开始一段神奇华美的旅程。2000 年，德米亚尼第 18 次获得国际钻石大奖，获奖作品"伊甸园"手镯，如同那条伊甸园之蛇，充满魅惑与欲望，光芒四射又风情万种，紧紧缠绕在主人的手腕上。极致的作品总是需要极致的灵感，猛一睁眼发现自己站在峭壁边缘，完美和毁灭，往往也只在一念之间。

"蓝月亮"耳环和"D 型"钻戒

从 1976 年开始至 2000 年，德米亚尼共获得 18 次"国际钻石大奖"，这些获奖作品成为德米亚尼品牌历史中重要的里程碑。其中一款颇具影响力的作品，是 1996 年的获奖作品"蓝月亮"耳环。

德米亚尼
DAMIANI
诠释意大利工匠传统

　　这款作品由德米亚尼的设计总监西尔维亚一手打造，以"梦幻珠宝"为创作理念，采用半月形的造型，打造出如梦如幻的神奇作品。将总重 13.9 克拉的闪耀钻石不规则地镶嵌在白金上，利用黄金材质勾画出半月的轮廓，营造出光影的效果，栩栩如生。

　　"蓝月亮"一面世，便获得了好莱坞巨星布拉德·皮特的喜爱。当时的皮特刚刚走出与格温妮斯·帕特诺的婚变阴影，并与詹妮弗·安妮斯陷入热恋。鉴于闹得沸沸扬扬的前女友退婚事件，皮特与安妮斯决定先将恋情隐藏。1996 年，皮特决定向女友安妮斯求婚。这时恰逢"蓝月亮"横空出世，皮特觉得这是自己心中的那款送给佳人的理想珠宝。

　　布拉德·皮特对"蓝月亮"的设计师西尔维亚说出了自己内心的烦恼：还缺少一枚像"蓝月亮"一样梦幻的求婚钻戒。西尔维亚当即建议皮特在"蓝月亮"的基础上，自己设计一款钻戒送给爱人。西尔维亚表示愿意提供一切帮助，最后两人决定合作设计一款钻戒。

　　这款钻戒被命名为"尤尼蒂"，后来改名为"D 型"，一推出便大受欢迎，尤其是在日本的销售成绩斐然。不但让布拉德·皮特多了一个"珠宝设计师"的新头衔，也赢得了詹妮弗·安妮斯的芳心。

　　单钻戒指一直是德米亚尼颇具代表性的产品。其中包括展现和谐之美的"Beauty"系列四爪镶嵌单钻戒指，展现纯净之美的"Elettra"系列六爪镶嵌单钻戒指，魅力天成的"Minou"系列浮雕式钻石皇冠单钻戒指，宣告一段"不可解除关系"的"Queen"系列六爪形托架单钻戒指，展现钻石特别的璀璨光芒的"Luce"单钻戒指，以及布拉德·皮特设计的螺旋形支撑单钻戒指。"单"意味着爱情的唯一性，单钻戒指是婚戒最标准的样式，所有珠宝品牌，不论高端低端，都可以生产单钻戒指。如今我们处在互联网时代，甚至在网络上都可以直接定制性价比不错的单钻戒指，但是德米亚尼作为一个高端品牌，能够轻松低调地让自己与众不同，这才是它最可称道的地方。

一个演员，在扮演一个臆想出来的戏剧化人物时也许可以随心所欲，最大的挑战莫过于扮演一个真正从生活中走出来的人，因为越是简单朴素的品质越难以把握，越是平凡的特性越是容易被观众挑出错来。同理，越是简单而大众化的珠宝，越是设计师把握工艺和材质的试金石。物极必反，用力过猛的"奢华"叫作浮夸，而"简单"的种子也可以开出绝美奢华之花。

低调背后的工匠传统

打开德米亚尼的官方网站，白色的界面简约又低调，创业历史几笔带过，简单明了。的确，它没有跌宕起伏的创业故事，没有可以拿出来炫耀的皇族侍奉史，甚至没有用极尽奢华的宝石和金属。它创立至今不到百年，却已经领跑意大利甚至全球珠宝业。相比其他品牌一路高歌猛进，德米亚尼似乎"宠辱不惊，看庭前花开花落；去留无

德米亚尼
DAMIANI
诠释意大利工匠传统

意，望天上云卷云舒"。

黄金、铂金、珍珠、钻石是广泛使用的珠宝材料，这些来自大自然的馈赠，千百年来在工匠们手中自由幻化，极尽美丽之能事，点缀着需要更多灵动色彩的人间。

所有德米亚尼珠宝的铂金都镀了铑，使其更加璀璨坚韧，减少划痕；作为大型珍珠公司的赞助商，德米亚尼能够确保高品质珍珠的购买渠道；德米亚尼使用的所有钻石，都是在对每一块宝石进行仔细研究和评估后用 4C 原则挑选出的最好的钻石。品牌还推出了个性化的标识，即在钻石内侧刻上相应的特性：颜色、重量、国际识别号，为了进一步提供质量保证，还在钻石腰身刻上 "Damiani" 的标志及认证号。这些特殊标识，会让原本平凡无奇的单钻风韵独具。

同时，德米亚尼的每一件珠宝都是高水准的创造物，品牌重视手工珠宝的设计和工艺，代表着意大利的工匠传统。为什么在珠宝制作领域，传统的手工艺备受推崇，机械而高效的流水线生产，却给人以冰冷和刻板的印象？原因很简单，因为时间本身就是最严密、最令人信服的挑选机制，大浪淘沙、经久不衰的手工艺，必定有它流传下来的理由。

每一件德米亚尼的珠宝作品都不是一件"快餐式"作品，它们的诞生要经过六七个步骤：首先是一个设计从想法到模型的过程，德米亚尼位于米兰的设计工作室会把最新的设计发给实验室，这些设计可能是一张手绘草图，也可能是一张二维的透视图，又或者仅仅是一张钢笔或铅笔素描。这些设计想法随后被公司的 CAD 设计师用电脑应用程序和铸模机器做成精确的 3D 模型，这些模型把设计师转瞬之间的一个个念头，全部捕捉并且保留下来。接下来，所有的橡胶模具被标号、分类，然后储存在蜡型车间，蜡状物被放置在一棵"蜡树"上：它的"枝干"伸向不同的方向，最后在末端凝固。蜡状物流入模具，冷却后被送往手工工作台。之后要给这些初具雏形的作品进行宝石镶嵌，对于铂金的珠宝饰品，还要镀一层薄薄的铑金属膜。

德米亚尼也生产腕表，所有的制作程序都是在瑞士这个钟表国度完成的。铂金腕表、陶瓷腕表、镶有钻石和彩色宝石的腕表、女士精品运动腕表、珍珠母贝腕表，等等，它们都是时代的宠儿，精致中藏着不易言说的秘密，某些款式的腕表甚至指针上都镶有钻石。

每一款德米亚尼腕表，哪怕像单钻婚戒那样"标准"和"无奇"，其实都是"台上一分钟，台下十年功"的作品，例如"大师的杰作"系列中精美的手镯腕表，它需要专业匠人耗时 270 个小时制成，它的表面有 4 种不同切割方式的德米亚尼钻石，而在隐藏的部位还镶嵌有 240 多颗钻石。

德米亚尼用三代人的辛勤耕耘，始终在传统的欧式工艺和时尚潮流之间努力找寻着平衡。把奢华藏在简约背后，把传统与真诚，认认真真地镌刻在作品上。传统文化并不是守旧的故事，只要恰当地传承，依然可以是最时尚的生活方式。

德米亚尼
DAMIANI
诠释意大利工匠传统

10

海瑞温斯顿
HARRY WINSTON

:

永世不变的名钻情结

创始人：
海瑞·温斯顿

品牌诞生地：
美国纽约

品牌总部：
美国纽约

品牌历史：
海瑞温斯顿品牌于1932年在纽约创立，享有
"钻石之王"和"明星珠宝商"的美誉。1935
年，海瑞·温斯顿先生买下726克拉的琼格尔之
钻，轰动一时。20世纪40年代设计师们首开先
河创造出锦簇镶嵌工艺。1944年成为第一个为
奥斯卡女星提供珠宝的品牌。1955年于瑞士日
内瓦开设首家美国境外的品牌专门店。1960年
品牌总部入驻纽约第五大道718号。1989年起推
出经典腕表系列。2007年在瑞士日内瓦设立制
表总部。

历代掌门人：
生于1896年的海瑞·温斯顿是品牌创立者，他
1978年离世后，由长子罗纳德·温斯顿继承衣
钵。2013年，瑞士最大的钟表制造商斯沃琪集
团以7.5亿美元的价格收购了海瑞温斯顿旗下的
高端手表及珠宝业务，娜拉·海耶克为现任全球
首席执行官。

"钻石之王" 的传奇

"钻石恒久远，一颗永流传"，对于很多人来说，钻石不是一颗冰冷的宝石，而是忠贞、永恒的象征；在古希腊人的眼中，每一颗钻石都是神流下的眼泪。这颗璀璨的晶体，悉心打磨后经久炫目闪耀，陪伴人们走过生命中的每个特殊时刻。

有着"钻石之王"之称的海瑞·温斯顿（Harry Winston）先生，也有着和钻石一般耀眼传奇的经历，这段精彩的故事还要从他的父亲说起。

海瑞·温斯顿的父亲雅格·温斯顿（Yage Winston），是一名有着精湛技艺的匠人，为了实现自己的目标，于 1890 年在纽约曼哈顿开设了一家小型的珠宝腕表工坊，不久便在业界小有名气。

在这家小工坊开始步入正轨，事业欣欣向荣的时候，1896 年，小温斯顿出生了。他继承了父亲的基因，从小就对珠宝表现出超于常人的敏锐。1908 年，年仅 12 岁的他，已经初现锋芒。有一天，海瑞·温斯顿走在一条售卖廉价假珠宝的大街上，突然在一家不起眼的店铺前停了下来，一颗大约两克拉的祖母绿宝石静悄悄地躺在柜台上。与商贩讨价还价后，小温斯顿以 25 美分的超低价格买下了这颗祖母绿。商贩当然不知道这块石头价值不菲，这位在他眼里乳臭未干的小孩子，最终在珠宝交易所以 800 美元的高价卖出了这块宝石。

这个"捡漏"的经历，或许是为什么后来温斯顿对祖母绿尤为钟情的原因之一。3 年之后，小温斯顿便离开学校开始帮父亲打理自家生意。在很多同龄人还没开始规划未来的时候，海瑞·温斯顿已经确定了以后的发展方向。他活跃在各种珠宝沙龙里，为富人推荐自家制作的珠宝。他的珠宝鉴定能力逐渐提升，商业才华也开始展露。

1914 年，18 岁的海瑞·温斯顿满怀抱负，坚信自己一定能在珠宝业出人头地。他带上全部积蓄，随父亲来到著名的纽约钻石交易中心，开始打拼新的珠宝事业。或许在很多人眼中，这是一种"赌徒"的行为。但生活并不总是那么残酷，这位拥有足够实力与运气的"赌徒"，在不及弱冠之年就成了纽约享有盛名的钻石交易买家。1920 年，对于海瑞·温斯顿来说，是珠宝事业中尤其重要的一年，在纽约曼哈顿的中心地带"梦之街"第五大道，他创立了属于自己的第一家珠宝公司，一段珠宝界的传奇就此诞生。

经过 12 年的奋斗，1932 年，海瑞·温斯顿终于用自己的名字作为品牌，创立了"Harry Winston"珠宝公司。当时，它还是一个年轻的珠宝品牌，但从诞生起，就一直秉持将精湛工艺和"天马行空"的设计相结合的理念。创立不久，便有了很多为人称道的传奇名钻面世。

作为创始人，海瑞·温斯顿不仅是一名珠宝商，更是一名骨灰级的钻石收藏爱好者，总是乐于在全世界搜寻各类名钻。其中，有一颗名为"琼格尔"（The Jonker）的钻石，是他人生中第一次重要的原石购买。这颗钻石是一名叫作雅各布·琼格尔的寻钻者发现的，总重高达726 克拉，是很罕见的天然巨钻。而且巧合的是，海瑞·温斯顿的另一颗名为"瓦格斯"（Vargas）的钻石，也有着一模一样的重量。这种巧合发生的概率微乎其微，却神奇地发生在了海瑞·温斯顿身上，就好像是冥冥之中神的旨意。

这颗"琼格尔"钻石刚被发现，便被极为敏锐的温斯顿看中，最后以 70 万美元的高价收入囊中。对其爱不释手的温斯顿却遇到一个难题——应该如何切割，才能让"琼格尔"释放出最完美的魅力？束手无策的温斯顿只好求助于优秀的同行们，他用玻璃将"琼格尔"复制，并发往各个著名的钻石雕琢工厂。所有的设计都不能让温斯顿满意，直到看到了拉扎尔·卡帕兰这位美国雕琢家的作品，他觉得这才是自己心中的那颗"琼格尔"。这颗钻石被切割成 12 块，其中最大的一块切割成拥有 66 个钻面的饰钻，仍取名为"琼格尔"，后来又重新切割成 58 个面的长方形钻，并于 1942 年被埃及的法鲁克国王以 100 万美元的天价收入囊中。

还有一颗极富传奇色彩，甚至在很长时间都让人敬而远之的钻石——"蓝色希望之钻"（Hope Blue）。这颗钻石自发现之日起，便伴随着"厄运"，背负着"妖邪诱惑的死亡之吻"之名。传说，它最早在印度被发现，由于其颜色呈现出罕见的海洋蓝而被争相抢夺。后来，一名法国珠宝商将其进献给当时的法国国王路易十四。之后诡异的事情发生了，戴上这颗钻石的路易十四不久后患病离世。当时进献钻石的珠宝商也随之倾家荡产，厄运连连。这颗"噩运之钻"接下来的拥有者，路易十六及情妇、兰伯娜公主、哈密德二世等权贵之人，都像受到诅咒般遭遇厄运，结局凄惨。

这枚声名赫赫，却一直背负恶名的"蓝色希望之钻"，一直到被温斯顿于 1958 年收藏后，诅咒才戛然而止。后来，温斯顿将其捐献给了位于华盛顿的史密斯研究所，吸引着无数好奇的人来观赏。除了以上提到的这些，海瑞·温斯顿还拥有很多名钻，如"塞拉里昂之星"（Star of Sierra Leone）。相信在将来，会有更多神秘而美丽的钻石出现在海瑞温斯顿的陈列馆。

1978 年 12 月 8 日，是一个不幸的日子，海瑞·温斯顿与世长辞。他的长子罗纳德·温斯顿（Ronald Winston）作为父亲最优秀的传人，身负重托，掌管了家族的珠宝事业。或许，对整个温斯顿家族来说，珠宝就是他们唯一的事业，就像父亲和祖父一样，罗纳德对钻石、珠宝和腕表同样有着执着的追求。他开始尝试男士腕表与钻石的结合，凭借非凡的商业头脑，让海瑞温斯顿的腕表登上了高峰。

明星的珠宝商

珠宝总是和名流有着千丝万缕的联系，两者的结合往往能相得益彰，使彼此更加璀璨耀眼。

海瑞温斯顿早在 1943 年，便与红毯结下了不解之缘——成为首个赞助奥斯卡颁奖典礼的珠宝商。奥斯卡奖于 1928 年设立，被称为世界上最有影响力的电影奖项，每年参加这场盛宴的明星不计其数，其中最引人注目的便是明星走红毯及领奖的那段时间。1998 年，凭借《沙翁情史》而一举斩获奥斯卡最佳女主角的格温妮斯·帕特洛，就佩戴着海瑞温斯顿的钻石项链。在 2015 年的第 87 届奥斯卡颁奖典礼上，海瑞温斯顿再次携手明星上演了一场"钻石"秀。著名影星妮可·基德曼作为颁奖嘉宾，佩戴着 84.14 克拉的"Caften"系列的钻石手链。当晚的盛宴中，有被时尚界称为"捷克最伟大的诞生"的卡罗莱娜·科库娃，这位国际超模佩戴着总重 85 克拉的海瑞温斯顿钻石手链和耳环，身着高贵典雅的白色礼服，一出场，就征服了所有的观众。

　　海瑞温斯顿在其他很多国际著名颁奖典礼中，也频频现身，被称为"明星的珠宝"，绝对实至名归。比如，英国著名女星海伦·米伦在踏上第 73 届金球奖红毯时，就佩戴有海瑞温斯顿"Secret Cluster"系列，其独特的锦簇镶嵌设计和切割工艺尽显优雅。另一位出现在金球奖上的新星，曾出演《灰姑娘》的莉莉·詹姆斯，也选用了海瑞温斯顿作为配饰，简约奢华。美国流行天后凯蒂·佩里选择了"Secret Cluster"高级珠宝系列的钻石手链，搭配有耳环和"Traffic"系列的钻戒。第 58 届格莱美颁奖典礼上，佩戴着海瑞温斯顿雷德恩切工项链的英国流行歌手阿黛尔·阿德金斯，美得让人窒息。美国创作型歌手罗宾·西克，则选择了海瑞温斯顿的"Project Z9"腕表，来彰显其非凡的气质与才华。

　　在很多好莱坞大片中也不乏海瑞温斯顿的耀眼身影。海瑞·温斯顿曾坦言："如果可以的话，我希望能直接将钻石镶嵌在女人的皮肤上。""性感化身"的玛丽莲·梦露在美国爱情轻喜剧《绅士爱美人》中，作为剧中爱金钱爱美貌的主角，在影片开头就高声演唱经典歌曲《钻石是女人最好的朋友》，"海瑞温斯顿！告诉我吧，快把一切告诉我！"

好莱坞巨星伊丽莎白·泰勒与曾为好莱坞身价最高的男演员理查·伯顿的爱情故事也一直为人所津津乐道。1909 年，急于为爱妻挑选生日礼物的伯顿看中了一件海瑞温斯顿的饰钻，这颗杏仁大小的梨形钻石被称为世界上罕见的十大钻石之一，总重 69.42 克拉，净度极高，颜色也格外绚丽夺目，自然十分昂贵。为纪念两人生死之恋的刻骨铭心，这颗钻石被世人称作"泰勒 - 伯顿之钻"。在这场惊世骇俗的爱情里，两人都付出了绝对的真心。2010 年，当伊丽莎白·泰勒公布伯顿写给她的信时，也曾如此感慨："当我第一次读到这封情书时，我控制不住潸然泪下，而我知道这一段无比深刻而持久的爱情，只有泰勒 - 伯顿钻石才能够见证。"这封情书里，伯顿字字情真意切，"虽然有那么多分分合合、坎坎坷坷，但我对你的爱从未消减。"这颗钻石见证了两人的爱情。生命会消逝，但钻石永恒。

除了与明星有密切合作之外，海瑞温斯顿与皇室之间也有密不可分的关系。被称为"钻石女王"的伊丽莎白二世，拥有无数件价值连城的珠宝，其中就包括海瑞温斯顿的"My Precious Time"高级珠宝时计。同样喜欢收藏奇珍异石的戴安娜王妃，对海瑞温斯顿也情有独钟，总是乐于佩戴各种海瑞温斯顿的珠宝出席重要场合。"宁要美人不要江山"的英国国王爱德华八世，曾为心爱的辛普森夫人毅然放弃王位，在与辛普森夫人相伴的 35 载，他不惜重金购买珠宝，其中就包括海瑞温斯顿的彩钻。被称为"希腊战神"的船王亚里士多德·奥纳西斯也曾为爱情疯狂，在向美国前总统夫人杰奎琳·肯尼迪求婚之时，精心挑选了著名的"莱索托三号"钻石，重约 40.42 克拉，作为求婚钻戒。这颗名钻采用马眼形切割，十分耀眼，与杰奎琳高雅的气质极为相符。

　　不论是耀眼的明星，还是地位显赫的王者，都为海瑞温斯顿所倾倒，成就了它的美誉。它的美在于出神入化的镶嵌工艺，它的魅力在于时刻走在流行前端的设计，从某种意义上说，它已经实现了"镶嵌"在女人身上的美好愿望。

诉说时间的珠宝

　　美轮美奂的珠宝让女人拥有迷人的风采，这耀眼的光芒当然不只属于女人，珠宝与时间的记录者——腕表的结合，让人耳目一新，也为珠宝开辟了更广阔的天地，展现出男人的成熟魅力。

　　海瑞·温斯顿的父亲，就是一名出色的珠宝腕表工匠。1989 年，海瑞·温斯顿的继承人罗纳德·温斯顿成立了属于家族品牌的制表部门。1990 年，海瑞温斯顿正式进军制表界。罗纳德·温斯顿曾说过："对男人来说，腕表其实是相当好的表现形式，就像是一种表情，而那正是珠宝无法达到的。"海瑞温斯顿在成立制表部门的第一年，就推出了首个腕表系列——"Premier"系列。

其中，"Precious Butterfly"系列，在有"钟表界的奥斯卡"之称的"日内瓦高级钟表大赏"中，获得最佳腕表工艺大奖的殊荣。每年参加这场钟表盛宴的钟表品牌不计其数，海瑞温斯顿能脱颖而出，凭借的是其精湛的工艺和天马行空的创意。在这款腕表的表盘中，有彩虹般绚丽的颜色，就像是这款表的名字"蝴蝶"一般，佩戴者会感觉仿佛有几只亭亭玉立的蝴蝶轻落在手腕上，不忍离开。之所以会有如此栩栩如生的效果，是因为表盘里的颜色是取自天然的蝴蝶翅膀上的粉末。通过特殊的技术工艺把这种细小的粉末均匀置于表盘上，颜色细腻而清新自然。当然，这款腕表不仅拥有美丽的外表，实用性也极好。有自动上链的机械机芯和独特硅材质的摆轮游丝，让腕表能长期保持精准的走时。

另外一个海瑞温斯顿腕表的独特创意，便是羽毛镶嵌工艺。它使用真正的羽毛，因为带有生命特质的美总是能让人心动。早在 16 世纪，羽毛就曾被皇室作为装饰品，但轻盈的羽毛与钟表的结合极为稀少。海瑞温斯顿的"Premier Feathers"系列颇具代表性，表盘里的每一片羽毛都经过精心的挑选和完美的剪裁，然后在精通羽毛镶嵌工艺的大师手中，一片一片粘贴。因此，每一块腕表都是世间绝无仅有的存在。

　　创新带给这个年轻的腕表品牌无限的可能。对钻石和腕表都有深刻研究的罗纳德·温斯顿曾表示："表面和表带如同宝石的镶嵌台，拥有无限宽广的创意空间，是钻石绽放出璀璨光彩的另一个舞台。"2001年，海瑞温斯顿开始推出"Opus"系列腕表，这个系列和很多腕表不同的地方在于，它每年都会与不同的已经获得业界认可的独立钟表设计师合作，推出独特设计的腕表，以格外稀少和极其复杂著称，每年推出的新款都能引起钟表界不小的轰动。它以行星运转和时空一体为理念，打造出非同一般的时间记录方式。第一代的"Opus"是与当时研制出机械共振双摆轮的法国制表师合作的，这个系列有三个款式，最神奇的地方在于让左右两个独立的计时系统产生共振效果，而这个效果的产生可以提升走时的精准度和减少时针摆动所消耗的能量。这个系列至今已经推出了14款腕表，每一款的设计都代表着海瑞温斯顿对于非凡技艺和超凡创意的执着追求。

　　海瑞温斯顿从创立开始就着眼于女性的配饰。在推出男士腕表之后，也不乏为女性设计的高级珠宝时计。"Secret"便是最具代表性的一个系列。珍珠、粉钻等那些女性喜欢的宝石完美混合，使得这个系列的珠宝时计令人惊艳。表壳的外形就像迷你的女性粉饼，需要打开才能窥见其精妙之处，小小的表面上有内置的小巧镜面，方便女性整理仪容，真的就像是随身粉饼一样，增加了实用性。它采用独特的钻石镶嵌技术和精致的马眼形切工，使得时计上镶嵌的 752 颗钻石更加耀眼。"Premier"系列中的自动上链腕表也是一个绝佳的设计，腕表的表面采用对称的放射状几何图案，凹凸不平的立体结构，使人轻易就会陷入这种美好的画面。表面周围镶嵌有逾百颗璀璨夺目的顶级钻石，完美展现了高超的珠宝镶嵌工艺。海瑞温斯顿的顶级腕表"Art Deco"，则采用钻石与珍珠的经典组合，这款腕表的出彩之处有很多，尤其以手链最让人叹为观止。镶嵌有 246 颗圆形明亮切割的钻石和 7 颗采用长方形切割的钻石，组成简约的几何图案，在环环紧扣的链带连接处则采用了海瑞温斯顿经典的祖母绿形切工钻石，让佩戴者更加古典优雅。

让美钻绽放出最耀眼的光彩

钻石在切磨之前是黯淡无光的，藏身于世界上某个幽暗的角落，默默等待着有人来开采，而这一等也许就是千百万年。经过工匠精心的切磨后，才能绽放出让世人为之惊叹的光彩。

海瑞·温斯顿曾说："世界上没有两颗一模一样的钻石，每颗钻石都有着与众不同的特色，要以对待人的方式对待每一颗钻石。"而在近百年的历史中，海瑞温斯顿品牌也是一直这么坚持的。它从来不在拿到钻石之前，就预先想好如何设计，是要制作一条项链还是一枚钻戒。它善于运用钻石原本的形状与特性，制作出最能还原自然本真美的艺术品。

海瑞温斯顿坚持认为，只有精致的切割工艺和新奇的组合才会成就一件完美的钻石饰品。海瑞温斯顿的钻石，最具代表性的当属祖母绿形切工，这种切割工艺有别于圆钻，相当于把长方形的钻石切掉四个角，特点在于不仅能把钻石内部看得更通透，也散发出一种古典的气息。不仅在世界三大传奇名钻"琼格尔""瓦格斯"和"莱索托"中有运用，海瑞温斯顿"舞蝶"系列中的钻戒也采用了这种工艺，对海水蓝色的宝石进行祖母绿形切割，加上一颗同样别致的马眼形切工钻石，将蝴蝶飞舞的娇美姿态栩栩如生地展现出来。1977年发明的雷德恩切工，则是祖母绿形切工与圆形切工的改进。

圆形明亮式切工，由于各个切面都是很规整的，折射光的效果最好，在经过后世的改进之后得到了广泛的应用。在海瑞温斯顿推出的"Cluster Heart"和"Gates"钻石坠饰中，就运用了这种切工。

另外一个经典的切割工艺——马眼形切工，就像其名字"马眼"一样，在两端都有锐利的尖角，这种尖角的聚光性极强，因此无论佩戴在身体的哪个部位，都是焦点所在。另外，梨形切工（或称泪滴形切工）的运用也非常普遍，其中最经典的要属海瑞温斯顿的"泰勒-伯顿之钻"和极具传奇色彩的"印多尔之钻"。近年推出钻石心环，流畅简单的线条加上梨形切工，瑰丽典雅。当然我们也不能忘记心形切工所带给我们的震撼，还有具有领结效应的经典椭圆形切工，留存率比较高的方形切工，这些都是百年沉淀下来的经典工艺。

制作一件卓尔不凡的钻石艺术品，除了完美的切割工艺，高超的镶嵌技术也必不可少。为了让钻石的光芒得到最大化的呈现，经典工艺——"锦簇镶嵌"设计不得不提。这种镶嵌设计采用中心向外侧排列的方式，从而呈现出较为外展型的视觉效果。这种独特的工艺自20世纪40年代开始，便不断运用在海瑞温斯顿的各种钻石系列中。像经典的"Wreath"钻石项链，就采用了锦簇镶嵌设计，再加上采用不同切工的钻石，打造出极具张力、美轮美奂的效果。"Lotus Cluster"系列，也选用了经典的锦簇镶嵌设计，表现出雅致的莲花图案。还有一款以清丽雅致的兰花为图案，通过锦簇镶嵌工艺，生动地表现出兰花嫣然绽放的形态。

在海瑞温斯顿推出的婚钻"The One"系列中使用了一种极细腻的"密钉镶嵌"。这种镶嵌技术可以最大限度地减少金属感，营造出一种只见钻石不见金的视觉效果，从而使钻石的光芒得以更完美地呈现。品牌标志性的"双鹰爪镶嵌"技术能有力地减少底座铂金的显现，却又能做到极为稳固，带来了钻石工艺技术的革新。而其他的镶嵌工艺，比如极具复古风格的"柱镶"工艺，能最大限度地呈现钻石全貌。

海瑞温斯顿创作出来的每一件作品，都在努力还原钻石最本真的

美。钻石原本没有生命，却因为海瑞温斯顿，而给人带来了发自内心
的最单纯的感动。

11

BLANCPAIN

Since 1735

宝 珀
BLANCPAIN

：

最古老的钟表品牌

创始人：

贾汗-雅克·宝珀

总部发源地：

瑞士侏罗山脉

品牌总部：

瑞士布拉苏斯

品牌历史：

1735年，由瑞士人贾汗-雅克·宝珀创立，成为世界上第一个注册成立的钟表品牌。1790年代末产品开始销往法国、德国、奥地利等欧洲贸易中心。1815年，弗莱德里克-路易·宝珀将宝珀从传统的手工作坊变为可量产的制表厂。1953年，宝珀推出了世界上第一只潜水表"五十噚"，为宝珀赢得了全世界的声誉。20世纪50年代末，宝珀制表厂加入瑞士钟表工业股份有限公司。1983年，宝珀有限公司在瑞士布拉苏斯成立。2008年，宝珀"乾坤卡罗素"特制腕表，成为故宫博物院建院以来首枚典藏的现代腕表。2010年，"Frédéric Piguet"公司加入宝珀旗下，正式更名为宝珀机芯工厂，推出首款卡罗素三问腕表，将顶级制表工艺中最复杂的两大功能叠加。进入21世纪，宝珀开始与赛车和高级美食界开展深度的品牌合作。

历代掌门人：

1735年，瑞士人贾汗-雅克·宝珀创立了品牌，直到1932年，都由宝珀家族执掌，最后一位继承人为弗莱德里克-艾米尔-宝珀。他去世后，因独生女无意投身制表领域，由贝蒂·菲彻和安德烈·莱亚尔接手宝珀制表厂。20世纪50年代末期，宝珀加入瑞士钟表工业股份有限公司。20世纪80年代，瑞士钟表工业股份有限公司将宝珀品牌出售。现在，宝珀隶属于斯沃琪集团，首席执行官为马克·海耶克。

侏罗山脉村庄里的世代传承

瑞士侏罗山脉作为制表业的福地，孕育了数量众多的制表品牌，它本身已经超越了一个地域名称，成为制表业数百年沧桑的见证者。

如今，凡是去过侏罗山脉的人，必定会为那里的秀丽山水而着迷。为宝珀拍摄的纪录片中这样的描述，"此地山脉清秀，溪水蜿蜒而过，夏天我们可以在这里乘舟荡漾，冬季我们可以在瑰丽的雪景中滑雪。而这一切又都深藏在一片静谧的山峰中，无形中透露着秋叶般的静美。"

在现代人心中充满着"秋叶般静美"的侏罗山脉在 500 年前却是名副其实的"苦寒之地"。群山环抱切断了与外界的交通，每逢冬季更是大雪封山，彻底地与世隔绝。

16 世纪，加尔文教派在欧洲兴起，其主要宗旨是"信仰得救"，反对繁缛的仪式和教阶制，崇尚简朴的生活方式。中世纪欧洲的教权支配着世俗生活，而教职人员腐化和堕落的生活方式，成为新教批判的重点。加尔文教派的主张如星星之火，迅速点燃了全欧洲反对旧式神权之火，手工业者、工商业者、农民等下层市民成为该教派最忠实的拥护者。

加尔文教派反对奢华的生活方式，根据后来的历史资料统计，在这段时期，仅瑞士日内瓦一处，便被加尔文教徒捣毁了一百多家珠宝

宝 珀

BLANCPAIN

最古老的钟表品牌

店铺。暴风骤雨般的宗教改革改变了当地居民的生活方式。

宗教改革激起了旧式天主教势力的反击，在法国内部爆发了长达三十多年的宗教战争。为了逃避战争以及宗教迫害，众多加尔文教徒不得不远离故乡，重新寻找一块生存之地。在这部分逃离法国的加尔文教徒中有不少技艺精湛的手工业者，几经辗转之后，他们落脚于侏罗山脉，这里民风淳朴，有铁矿，当地居民擅长金属加工。

迁徙而来的法国工匠们带来了先进的工艺，也使当地居民看到了机械加工的丰厚利润。

1735 年，42 岁的贾汗 - 雅克·宝珀（Jehan-Jacques Blanc pain）在侏罗山脉维莱尔村（Villeret）成立了一家制表作坊。它既是世界上第一个登记在册的腕表品牌，也标志着瑞士钟表业从"匠人时代"跨入了"品牌时代"。贾汗 - 雅克·宝珀一改以往制表师只重视生产技艺而不注重商业推广的做法，他创立了自己的品牌。在今天瑞士的官方资料中，仍然能够查询到贾汗 - 雅克·宝珀在官方机构所做的产权登记，这也是制表行业第一份详细可查的官方资料。

此后，贾汗 - 雅克·宝珀的儿孙辈们逐渐打开了法国、德国、奥地利等欧洲贸易中心的市场，宝珀表甚至开始供不应求，这个制表家族完成了初步的资本积累。

1815 年，出于便于生产管理和降低成本的需要，老宝珀的曾孙弗莱德里克 - 路易·宝珀（Frĕdĕric-Louis Blancpain）把祖辈留下的制表作坊变革成新式制表工厂。到了 19 世纪中叶，第二次工业革命的浪潮席卷了整个欧洲，规模化的经营降低了产品的生产成本，传统的手工业在大时代的浪潮下遭遇着被淘汰的历史命运。宝珀家族再一次展现了非凡的商业头脑，面对整个行业的危机他们做了两件事。第一，顺势而动，在苏士河（Suze）畔新建了一座两层高的新厂房，利用水力发电，以供生产和生活之需。第二，在生产经营方面，迎难而上，决定继续保持传统的手工制表工艺。为了和市场上充斥着的低成本钟表拉开距离，宝珀开展高端钟表业务，期待用昂贵的材料、精湛的手艺，提高单品利润。事实证明，宝珀家族再一次完成了华丽转身，在众多瑞士传统制表工厂倒闭的大潮下，成为少数能安然渡过这次危机的厂家之一。

宝珀家族的事业传承在 1932 年戛然而止。在宝珀品牌最后一位继承人弗莱德里克 - 艾米尔·宝珀（Frĕdéric-Emile Blancpain）辞世后，由于其独女并不想进入制表领域，弗莱德里克 - 艾米尔·宝珀的两位合伙人贝蒂·菲彻（Betty Fiechter）和安德烈·莱亚尔（André Léal）经过友好协商，共同收购了宝珀制表厂。按照当时的法律规定，如果宝珀家族的传承人不再拥有这个工厂，那么在产权登记时必须更换注册名字，于是两人将工厂改名为"Rayville S.A., succ. de Blancpain"制表厂。此后，直到 20 世纪 50 年代，宝珀表厂都由贝蒂·菲彻进行管理。

到了 20 世纪 50 年代末期，宝珀年产 10 万只表的生产规模已经无法满足日益增长的市场需求。经过考量，贝蒂·菲彻决定加入瑞士钟表工业股份有限公司。根据历史数据显示，宝珀的年生产量由加入瑞士钟表工业股份有限公司前的 10 万只迅速飞升到 22 万只。

20 世纪 70 年代，美元兑瑞士法郎大跌，导致瑞士的出口产品成本增加，加上第一次石油危机造成的全球经济衰退，瑞士钟表工业股份有限公司不得不断臂求生，在缩减产量的同时，出售自身的一部分资产，这其中就包括了宝珀品牌。宝珀品牌由雅克·皮捷特（Jacques Piguet）和简 - 克劳德·比维（Jean-Claude Biver）合伙接管，两位合伙人在侏罗山脉的布拉苏斯（Le Brassus）建立了新的生产厂房，并最终把公司的名字命名为宝珀有限公司（Blancpain SA）。

"只做机械表"

在宝珀表近 300 年的历史中，遭遇了多次危机，其中以 20 世纪 70 年代的"石英危机"最为猛烈。在危机面前，宝珀品牌始终坚持只生产机械表，并成为品牌的特色。

机械表诞生以后，瑞士和法国成为世界钟表制造的核心地区。但随着"法国大革命"的爆发，法国钟表业在战争中遭受重创，瑞士成为机械表制造中心。进入 20 世纪以后，两次世界大战的爆发，虽然对瑞士制表业有所影响，但是作为"永久中立国"，也算是有惊无险。

"二战"结束后，欧洲经济在美国援助下迅速复兴，瑞士的钟表行业进入了黄金时代，这时，危机却悄然出现了。

日本制造业在战后复兴，日本精工公司作为日本制造业的代表，研究出了如何将石英制作成音叉的方法。1969 年，精工公司推出了世界上第一款石英水晶天文台表。

当时的机械表已经具备了极高的精确度，误差在每天慢 4 秒和快6 秒之间，但这只石英表的出现彻底颠覆了这个标准，其精确程度高达每月误差正负 5 秒。虽然石英表比机械表精确度更高，但是高昂的制造价格，使得石英表更像是一种概念性产品，无法实现量产，并没有引起瑞士制表行业的重视。

但是让瑞士钟表业始料未及的是，由于石英在现代工业（诸如玻璃、陶瓷、冶金）中应用广泛，市场需求量大，加速了石英矿产的开采和加工，获得石英的生产成本逐渐降低。而且，相比机械表需要大量的手工制作，石英表更适合规模化和标准化生产。

石英表在日本和美国迅速发展，大量低成本的钟表占领了市场，让并不接受这种技术的瑞士钟表业无所适从。在这场危机中，瑞士钟表行业的从业人员从 9 万人下降到不足 3 万人，有不少品牌只能选择破产，黯然退出市场。

这场危机中受挫的瑞士制表商开始思考机械表的终极价值。在石英表出现前的数百年间，钟表是一种身份和地位的象征。考究的工艺

宝 珀
BLANCPAIN

最古老的钟表品牌

让金属和宝石等在制表师手中焕发新生，它们不是冰冷的产品，而是赋予了人类思考和创造的艺术品。相对而言，一年产量 5 亿只的石英表更像是一种生活必需品。

瑞士钟表业决定逆流而上，杀出一条生路，宝珀更是坚定地宣称"我们永远只做机械表"，它拒绝了石英技术。制表师们在提高腕表的技艺和品质、实现腕表的复杂功能上花费更多的精力，同时，在宣传产品的高端形象方面加大投入。

从 20 世纪 80 年代至今，宝珀创造了多项机械表领域的"世界上第一款"和世界之最。如 1991 年推出的世界上最复杂的自动上链腕表——集六大功能于一身的"1735"腕表，2010 年推出的首款将顶级制表工艺中高复杂的两大功能叠加的"卡罗素三问"腕表，以及 2013 年推出的结合两项标志性复杂工艺——陀飞轮和卡罗素的"卡罗素陀飞轮"腕表。

宝珀始终秉持其价值理念，并在赛车、航海、高级美食和生活艺术领域，与志同道合的品牌建立了广泛的合作。2009 年，宝珀与顶级跑车品牌兰博基尼建立合作关系，共同筹办了宝珀 - 兰博基尼 Super Trofeo 亚洲挑战赛。兰博基尼为宝珀推出了纪念款跑车，宝珀也推出了兰博基尼经典纪念腕表。这款表采用了新型钛金属的外壳设计，搭配碳纤维的表盘，并且搭载了飞返计时功能，装饰图盘与盖拉多的尾灯的设计风格高度一致，既有兰博基尼的元素，又独具风格。

1996 年，凭借与瑞士钟表工业股份有限公司的良好关系，宝珀借

宝 珀
——————
BLANCPAIN

最古老的钟表品牌

助瑞士钟表工业股份有限公司旗下的欧米茄品牌销售渠道进入中国市场，但是当时音译的名字叫作"勃朗派爱"。2000 年，正式确定了中文音译名字"宝珀"，并且拥有了自己品牌的特约零售商。相比初进入中国时的"养在深闺人未识"，宝珀拿出了耀眼的销售成绩，销售渠道也日趋成熟。

"技术狂"的匠人匠心

从创始人宝珀先生制作出第一只宝珀钟表开始，宝珀便一直在制表工艺上坚持着严苛的要求。即使已经过去了近三百年，宝珀仍然保留着制表师在自己制作的钟表上签上名字和编号的传统，这些档案资料都得到了完整的保存。

机芯是机械表最为核心的部件，宝珀自主研发的机芯由于精确而稳定，受到了钟表行业内部的认可。在受到石英表猛烈冲击的危机时期，宝珀投入大量资金和人力，恢复古法制表工艺，主张研制复杂功能的机械表，应对石英表的挑战。1991 年，宝珀隆重推出的致敬作品"1735"腕表，同时具备超薄机芯、月相盈亏日历、万年历系统、双指针飞返计时系统、陀飞轮机械机芯、时刻分三问报时等 6 项复杂功能，据说在最为关键的机芯部分，就需要一位制表师一年的辛勤工作。2015 年，一枚"1735"纪念系列多功能腕表在北京以 600 多万元人民币的价格售出。

我们知道，宝玑（Breguet）先生于 1795 年发明的"陀飞轮"是高端机械表的标配，其最主要的功能就是帮助钟表抵消地心引力对于钟表转动的影响，让计时更加精准。在相当长的时间内，陀飞轮技术是高端机械表的主流选择。但是，制作陀飞轮对制表师的技艺要求极高，掌握这一技术也是衡量其是否为顶级制表师的标准之一；另外，陀飞轮的制作成本非常高。受限于这两个条件，从陀飞轮被发明到 20 世纪 80 年代的近两百年里，也只有区区几百只搭载陀飞轮技术的机械表问世。

1892 年，旅居英国的丹麦籍制表师巴纳·伯尼克森（Bahne Bonniksen）发明了一种与陀飞轮功能类似的新型擒纵装置，这项新的发明被命名为"卡罗素"，是旋转木马的意思，并取得专利。卡罗素与陀飞轮的工作原理基本相同，不同的是陀飞轮采用固定齿轮设计，通过框架的旋转为摆轮和擒纵装置提供动力。而卡罗素则不设固定齿轮，别出心裁地设计了两个独立又互补的运转轮系，全部由第三齿轮带动。在这两个关键的双齿轮传动链中，其中一条负责框架旋转，另一条为擒纵系统的运行传输动力。相比陀飞轮，卡罗素的设计理念更为复杂，制造时需要更多的配件。同时，卡罗素能提供更强的动力传送，在能量减弱时能够有效减少振幅损失，从而拥有更加稳定的速率。

然而在接下来生产中，制表师们发现卡罗素的工艺比陀飞轮更为复杂，需要的元件更多，制作成本更高。瑞士是世界制表业的中心，采用的是陀飞轮技术，而卡罗素是在制表行业相对落后的英国发明的，没有在瑞士得到广泛的应用。

2008年，这项被世人遗忘许久的跨时代发明终于在宝珀制表师们的努力下，重新进入公众的视野，宝珀推出了拥有长动力存储的一分钟飞行卡罗素腕表，整个钟表行业为之赞叹。宝珀的制表师们又大胆地跨出一步，他们开始尝试在一枚机械表上同时搭载陀飞轮和卡罗素两项复杂技术。2014年，在举世瞩目的巴塞尔钟表展上，宝珀推出了革命性表款——同时搭载陀飞轮和卡罗素的腕表。它创造性地在12点钟的位置和6点钟的位置分别搭载飞行式陀飞轮和飞行式卡罗素，两个系统相互兼容，又互不影响，在整个钟表界引起了轰动。

卡罗素腕表与中国有着一段不解之缘。2008年，宝珀与故宫博物院的典藏腕表交接仪式在故宫博物院钟表馆盛大举行。一枚名为"宝珀乾坤卡罗素"的特制腕表，成为故宫博物院建院以来首枚收藏的现代腕表。这款腕表是宝珀公司耗时一年，为故宫博物院量身定做的，采用了浓厚的中国元素。在表盘上，设计师以"中华太极"为主形，将阴阳与时刻相融；在腕表的背面则铭刻着"1735""乾隆""BLANCPAIN"字样；底部雕刻有故宫博物院的图案，周边以古典精致的中华琉璃瓦为装饰。腕表走动，半镂空的刻度盘现出迷人的浮动卡罗素，这枚腕表就像一幅"中西合璧的机械画卷"。

潜水表鼻祖"五十噚"

1953 年，宝珀推出了世界上第一款新概念腕表，"五十噚"潜水表。这一革命性作品能够应对自然界的复杂环境，功能强大，不但是潜水运动中的顶级配置，也赢得了户外运动爱好者的青睐。

"五十噚"这个名字来源于莎士比亚的名著《暴风雨》，爱丽儿深情地歌唱："五噚的水深处躺着你的父亲，他的骨骼已化为珊瑚。"时任宝珀首席执行官的菲彻先生在研发这款腕表时，脑海中始终回荡着爱丽儿的歌声，便果断定下了这个文艺范十足的名字。噚是英制单位，用来代表深度，五十噚约等于 91.44 米，被认为是当时人类潜水的极限深度。

这款腕表是在 20 世纪 50 年代由热衷潜水的宝珀掌舵人，根据自己的需求设计的，1953 年正式面世后，便接到了来自美国、德国、法国军方的订单，迅速成为军用潜水表的国际标准。

潜水腕表首先要解决防水问题，宝珀在表圈上使用了双 O 型防水圈，经过测试，足以应对五十噚这个当时人类潜水的极限。在潜水运动中，潜水员使用水肺不能超过 15 分钟，否则会引起呼吸系统中毒，"五十噚"表壳外层采用可锁定的带刻度的单向旋转表圈，以核对潜水时间和氧气余量。为了减少日常手工扭转表冠上链对防水表圈的磨损，又搭配了能够提供 120 小时长动力的自动上链系统。随着下潜，光线会越来越暗，人无法读取时间，夜光技术也就成了潜水表的标配之一。"五十噚"采用了黑色表盘的设计，同时涂上高达六层的防辐射超强夜光图层，足以让潜水员在深水中读取到精确的时间。宝珀还在五十噚的所有配件中，全部做了防磁处理，以尽可能降低磁场对腕表的影响。

宝珀不仅推出了第一只潜水表，而且为潜水表制定了一系列的标准，后来也成为潜水表的国际标准。专业领域之外，"五十噚"在民间也备受推崇。在雅克-伊夫·库斯托斩获 1956 年金棕榈最佳影片奖的深海题材长纪录片《寂静的世界》中，就出现了佩戴"五十噚"畅游深水的场景。

对于宝珀来说，"五十噚"不仅是一款畅销的腕表，更是为宝珀带来世界声誉的表款，正如"劳力士有迪通拿，宝珀有五十噚"。

宝珀，这个最古老的钟表品牌，虽然历经磨难，但是在前行中始终不失"匠心"，保持着"经典时计缔造者"的本色，在世界钟表发展史中留下了浓墨重彩的一笔。

宝 珀
BLANCPAIN

最古老的钟表品牌

12

VACHERON CONSTANTIN
GENEVE
Since 1755

江诗丹顿
VACHERON CONSTANTIN

:

它比时间更珍贵

创始人：

简-马克·瓦什隆

品牌诞生地：

瑞士日内瓦

品牌总部：

瑞士日内瓦

品牌历史：

1755年，简-马克·瓦什隆在日内瓦市中心创立了自己的钟表作坊。1803年，他的二儿子亚伯拉罕·瓦什隆开始接管家族事业。1819年，商人弗朗索瓦·康斯坦丁与亚伯拉罕·瓦什隆的儿子合作成立江诗丹顿制表厂。1880年，"马耳他十字"成为江诗丹顿的品牌标志。1938年，查尔斯·康斯坦丁把江诗丹顿大部分股权卖给了积家，乔治斯·科特兰收购了康斯坦丁家族的股份，成为江诗丹顿的最大股东。20世纪80年代，乔治斯·科特兰的后人出售了大部分股权。1996年，江诗丹顿被历峰收购。

历代掌门人：

1755年，简-马克·瓦什隆创立了小型制表作坊。1803年，他的儿子亚伯拉罕·瓦什隆接管家族事业。亚伯拉罕·瓦什隆去世后，他的儿子接掌公司。1819年，商人弗朗索瓦·康斯坦丁成为公司的合伙人。1938年，积家从查尔斯·康斯坦丁手中收购了江诗丹顿，并派乔治斯·科特兰对江诗丹顿进行管理。1980年，乔治斯·科特兰的后人先是将江诗丹顿卖给一家德国公司，后来又被阿拉伯主权投资基金收购。1996年，江诗丹顿成为历峰集团的一员，现任总裁为陶睿思。

古老的瑞士制表商

1955年，江诗丹顿筹备"170周年"纪念活动时，一个不经意的发现，改写了品牌的历史。

在整理历史资料时，一份古老的"师徒契约"被发现。这张契约由简-马克·瓦什隆（Jean-Marc Vacheron）所签订，契约签订时间为1755年，上面写着一位叫作赫特的少年成为他的徒弟。在遥远的18世纪，能够签订"师徒契约"，是一名制表工匠得到社会及行业认可的标志。这份历史资料表明，江诗丹顿的历史可以追溯到更早的1755年，正在筹备"170周年庆典"的江诗丹顿转而欢天喜地地举行了"200周年庆典"，品牌创始人换成了简-马克·瓦什隆。

美好国度瑞士，是上帝和大自然的宠儿，静静地在岁月中沉淀着独特的魅力。江诗丹顿的创始人简-马克·瓦什隆就生活在这里，在家庭的熏陶和几位哥哥的影响下，他的志向逐渐明确——成为一名成功的钟表师。潜心学习钟表工艺10年后，1755年，24岁的他在日内瓦成立了钟表工作室，一个钟表传奇将就此诞生。

在江诗丹顿创立的最初几年里，凭借精湛的制表工艺，以及不错的商业才能，简-马克·瓦什隆游走在各国的王公贵族之间，日子过得还算不错。但是，随着法国大革命的爆发，整个欧洲陷入动荡不安之中。拿破仑与反法联盟的几次战争，使得贵族们忙于逃命，甚至将奢侈品当作"累赘"一样丢弃。欧洲贵族阶层开始衰落，奢侈品市场也一落千丈。

正是在这个困难的时期，亚伯拉罕·瓦什隆（Abraham Vacheron）从父亲手中接掌了家族事业，经过多次市场考察，他认为必须寻找新的客户群体。第一次产业革命，诞生了世界上最早的资产阶级，充足的资金，加上并不繁重的日常管理工作，让他们更愿意接受曾经的"贵族式的生活方式"。亚伯拉罕·瓦什隆把打开新市场的目光放在他们身上。找到了新的客户群体，江诗丹顿渡过了第一次危机。

19世纪初，年迈的亚伯拉罕·瓦什隆把制表工厂交给了自己的儿子。然而令人遗憾的是，小瓦什隆虽然是一个优秀的制表工匠，但商业才能远远不及祖父和父亲。苦苦支撑几年以后，感到力不从心。1819年，经验丰富的商人弗朗索瓦-康斯坦丁（Francois Constantin）以合伙人身份加入瓦什隆家族的制表工坊，工坊更名为"Vacheron Constantin"。

1884年，江诗丹顿用K金制造出了男式双面万年历怀表。我们知道万年历与时间的起源密切相关，在表中加入万年历的功能是很复杂的。19世纪末，当防磁防水这两项技术在钟表业得到重大突破后，江诗丹顿于1885年设计出了世界上首枚防磁时计。1889年，江诗丹顿设计的女用腕表在巴黎万国博览会上获奖，它也是全世界最早量产的腕表之一。1898年，江诗丹顿设计出在极寒极热的恶劣环境下也能正常使用的钟表。1904年，莱特兄弟第二次试飞的时候，就戴着江诗丹顿的皮质表。

之后"一战"爆发，欧洲卷入了战争，但江诗丹顿由于身处瑞士这个中立国，仍然能接到一些订单，也算是波澜不惊。但不期而至的"经济危机"却将江诗丹顿拖入泥潭。这场源于美国的"经济大萧条"，波及范围和严重程度令人恐惧。大萧条摧毁了全世界的经济，当然也重创了瑞士的钟表行业。

在危机刚开始的阶段，江诗丹顿的掌舵人查尔斯·康斯坦丁（Charles Constantin）还可以节衣缩食维持经营。为了让工人不荒废手艺，他组织工人们制作一些简单实用的钟表，实在没有订单的时候，只能依靠维护厂房和设备打发时间。但到了1933年，江诗丹顿的钟表制造只能全部停工。

在大萧条时代，不少瑞士钟表品牌走向破产，仅存的品牌要么抱团取暖，如欧米茄和天梭组建了新的公司；要么像百达翡丽和江诗丹顿一样被收购。为了避免破产的厄运，1938年，在经过了一段时间的接洽和讨价还价后，查尔斯·康斯坦丁最后选择把江诗丹顿的大部分股权卖给了另一个钟表品牌——积家。

这次收购，让江诗丹顿成功地存活下来，但是也让江诗丹顿戴上了发展的枷锁，因为收购协议规定：今后江诗丹顿所有的机芯和零件必须采用积家的产品。鉴于江诗丹顿已经形成的品牌效应，积家同意继续保持江诗丹顿的品牌，但是必须由积家派管理团队入驻。

这是江诗丹顿和积家结缘的开始。乔治斯·科特兰（Georges Ketterer）是积家的股东之一，而且相比其他股东更为了解江诗丹顿的生产经营状况。于是，在 1940 年，经过友好协商，乔治斯·科特兰从康斯坦丁家族手中收购了剩余的江诗丹顿股份，一举成为最大的股东。乔治斯·科特兰颇具商业才华，在危机时代接手江诗丹顿，"二战"后的欧洲经济在美国的援助下复苏，钟表行业也重新焕发出蓬勃的生命力，江诗丹顿顺势而为，赢得了新兴的市场。这一阶段的江诗丹顿无论是生产规模还是品牌知名度都达到了新的巅峰。目前在拍卖会现身的江诗丹顿古董腕表，就大多是这个时期的作品。

可惜的是，乔治斯·科特兰的后人并不重视自家的制表公司，于 1987 年，把江诗丹顿卖给了一家来自阿拉伯世界的主权投资基金。1996 年，江诗丹顿再次被转卖，这次东家是奢侈品巨头历峰集团。巧合的是，2000 年，历峰集团将积家也收入囊中，两大腕表品牌在分别 14 年后又再续前缘。

江诗丹顿从诞生时起，就意识到钟表的制作不仅需要创新，更重要的是继承和发展传统工艺。扩大传统工艺的影响不只是一种承诺，更是一项与生俱来的使命。在小型制表作坊时期，简 - 马克·瓦什隆就开始把自己的手艺倾囊相授给学徒，随之传承下来的还有品牌的精神。

此后，每一代的江诗丹顿掌门人都将工艺传承作为品牌生存的根本。

近年来，江诗丹顿更是走出了积极的一步，大力支持法国国家工艺局的工作，以及欧洲艺术手工业开放日，为保护和传承古老工艺做出了贡献。

马耳他十字

每个品牌都有属于自己的独特印记。这个印记会融入品牌的血液，伴随着品牌一起成长，提高品牌的辨识度。江诗丹顿的标志"马耳他十字"就是一个具有丰富历史内涵的独特图案。

"马耳他十字"是马耳他骑士团的团徽，是骑士团高贵、勇敢、自豪的精神象征。1048 年，来自意大利的本笃会士在三教圣城耶路撒冷的一所医院创立了这个骑士团，当时被叫作"耶路撒冷圣约翰骑士团"，在平时为医院提供服务，在战时，号召保卫圣地不受"异教"势力侵袭。后来，骑士团逐渐发展成西方世界公认的大修会势力，并摆脱当地主教的控制，直接归属教皇管辖。1187 年，骑士团派遣主力参加了哈丁之战，由于指挥上的失当，大团长战死，整个骑士团几乎全军覆没。

　　此后，骑士团经过休养生息，虽然恢复了一些元气，但寡不敌众，面对阿拉伯世界的侵袭节节败退。1291 年，骑士团不得不放弃了巴勒斯坦，转移到塞浦路斯，后又撤到罗德岛。在罗德岛，他们英勇战斗，阻止了穆斯林向东地中海地区的扩张。1453 年君士坦丁堡落入土耳其人手里的时候，圣约翰骑士团成为整个东地中海地区仅存的基督教力量。激烈的抵抗一直持续到 1522 年，苏莱曼大帝再次率领 20 万大军悍然出征罗德岛，骑士团凭借仅存的 7000 名士兵，坚守了 6 个月之久。最后双方达成协议，圣约翰骑士团撤出罗德岛，去往欧洲。

　　圣约翰在进入欧洲的最初 7 年时间里，居无定所，历经数次迁徙。直到 1530 年，教皇克莱门特八世和神圣罗马帝国皇帝查理五世指定马耳他岛作为圣约翰骑士团的驻地。但是，每年必须象征性地向西西里王国缴纳 1 马耳他鹰币作为租金，此后，骑士团改名为"马耳他骑士团"。

　　作为欧洲抵抗穆斯林最前沿的阵地，马耳他岛也不是安稳之地。1565 年，土耳其人再进攻马耳他。骑士团节节抵抗，土耳其人伤亡惨重。在骑士团伤亡过半时，一支来自西班牙的援军抵达战场，土耳其人仓皇撤出战场。

　　1571 年，土耳其人改变了策略，试图凭借强大的海军一举消灭马耳他骑士团，没想到还没有到达马耳他，就在海上遭遇了西班牙的

"无敌舰队"，全军覆没。没有了土耳其人的侵扰，马耳他骑士团逐渐发展成为地中海的一支强大的军事力量。

马耳他骑士团在马耳他岛的统治一直持续到 18 世纪。1798 年 6 月 11 日，拿破仑率领大军攻占了马耳他岛，迫使骑士团投降。剩余的大部分骑士团成员撤退到俄国，受到沙皇保罗一世给予的庇护，而骑士团则选举保罗一世为新的骑士团大团长。

在失去马耳他岛之后，马耳他骑士团由于失去了自己的领土，虽然作为一个组织仍然存在，但势力从此一蹶不振。直到 1834 年，马耳他骑士团在罗马重建总部，在流亡三十多年后，才再次稳定下来。如今的马耳他骑士团已经失去军事目的，主要从事慈善事业。但是，马耳他骑士团国仍然是联合国的成员国，而他们唯一的领土就是设在罗马的总部——马耳他大厦。

1880 年，江诗丹顿选用了"马耳他十字"这个特殊的符号作为品牌的标志。至于原因，是因为被马耳他十字的经历所打动，认为这个符号所代表的坚贞和顽强正是江诗丹顿的品牌精神；还是因为马耳他十字这个图案与调整发条松紧的精密齿轮十分相似，象征着江诗丹顿掌握着复杂而又高水平的制表工艺；又或者因为它像瑞士的国旗一样，在拥有四个对称的分支，具有对称美的同时，也蕴含着与瑞士这个钟表大国共同发展的含义？我们不得而知，而恰恰是这样的不确定，为江诗丹顿增添了一层迷人的面纱。

江诗丹顿
VACHERON CONSTANTIN
它比时间更珍贵

最小批量，最优质量，最高售价

"你可以轻易拥有时间，但你不能轻易拥有江诗丹顿。"可见江诗丹顿的珍贵。

1886年，江诗丹顿推出了一款况世之作——卡里斯泰（Kallista），这款极尽奢华的表本来是为沙特阿拉伯的阿里德国王定制的，遗憾的是这位国王没能等到作品完成就离世了。时隔整整100年后的1986年，一位不愿透露姓名的顾客以350万美金的高价将这款表收入囊中，让它重新引起世人的注意。但这位神秘客户也不是卡里斯泰最后的主人，一年后它再次易手。又一位神秘客户委托皮埃尔·哈里米以500万美金的价格购买了它，之后这块表销声匿迹了，世人再也没能目睹它的风姿。在希腊文中"Kollista"是完美无瑕的意思。事实上作品也如其名字一般极致完美。表身和表带镶嵌了118颗精心挑选的钻石，江诗丹顿挑选最优秀的钟表师，经过几万个小时精心制作，才有了这块世界上最贵的腕表。

熟悉腕表的人，想必对于"日内瓦印记"这个名词不会陌生。作为钟表行业最高级别制作技艺的印证，这个检测标准于1886年设立，至今已经传承逾百年，很多专家对"日内瓦印记"仍抱有高度的认可。这个标准中的12条准则，包含了钟表行业所有零配件的标准。迄今为止，拥有"日内瓦印记"的钟表品牌只有6家，而江诗丹顿是拥有"日内瓦印记"认证的腕表数量最多的品牌。

自 1755 年创立至今，从核心的机芯制造到表盘的设计，江诗丹顿展现了多种精妙绝伦的传统工艺。2005 年，江诗丹顿即将迎来 250 岁生日之际，推出了限量 7 枚的"旅行表"。这款表的问世，引起了钟表业的高度重视，这款表包括了 16 项复杂的功能，使用了近千个零件，获得了 2005 年钟表业的"金指针大奖"。由于它的超凡魅力，现在的市场估值高达 150 万美金。

艺术大师将传统的技术与各国的文化完美融合，于江诗丹顿成立 260 年之际，推出了四款传奇装饰系列的腕表，包括使用江诗丹顿独有倒角和手工雕刻工艺的奥斯曼建筑款、印度手稿款、法国蕾丝款和中国刺绣款。中国刺绣款腕表，几乎让人舍不得移开双眼，镶嵌的翡翠与珍珠贝母表盘相得益彰，使用传统的雕刻工艺，金质叶子和花蕊精美绝伦。

江诗丹顿 2016 年推出的编号为 57260 的双表盘钲表，可以说是世界上最精巧复杂的时计。它拥有 57 项极其复杂的功能，其中很多功能都是首创的，比如闹铃报时的功能，而这个闹铃的旋钮设计是隐藏式的，不会破坏线条的流畅性。

不仅如此，拥有这款表的人能在指定的时间听到五种音锤敲奏出英国大笨钟那样优雅的音乐。并且，表中加入了自动"静音"功能，佩戴者能在晚上十点到早上八点享受安静的睡眠时光。此外，它还有双重功能的万年历和 12 小时制世界时间昼夜显示等复杂的功能。这款表是三位顶级的设计师花费了整整八年的心血设计出来的，其中一位设计师把这款表的设计过程称为"真正的人类冒险"，这场冒险让江诗丹顿赢得了日内瓦高级钟表大赏的大奖。

江诗丹顿在不断创新的同时也始终传承传统工艺，设计出来的作品，无不展示出对传统的敬意。同样是为了庆祝江诗丹顿260年的生辰，设计师们推出了一个新的系列——"明日经典"。这个系列中使用了传统图案——莨苕叶。这个图案经常被用于雕刻工艺，由于莨苕具有生命力旺盛的特点，寓意美好，是代表性的植物装饰。1755年，马克·瓦什隆设计出来的怀表中，就使用了这类图案，非对称性又极具动感。江诗丹顿还以1928年首枚医用腕表为灵感，推出了可以单按钮计时的带有脉搏计的腕表。

热爱旅行的人，想必会对江诗丹顿最近推出的"纵横四海"系列颇感兴趣。这个系列的设计师称灵感来自闻名世界的意大利航海家阿美利哥·维斯普西（Amerigo Vespucii）。有人认为这位探险家才是美洲的真正发现者，在哥伦布还认为那是亚洲东部的时候，维斯普西就认为那是一块新大陆了。表款上的三桅帆船图案是受了意大利海军维斯普西号的一艘高桅横帆船的启发。这款腕表使用了摄人心魂的深蓝色表盘，让人感到仿佛和探险家一起置身海洋。另外，这款腕表的表带可以轻松拆卸，并且可显示两个地区的时间。在时针的物料上采取了光材质，即使是在夜晚也清晰可见。

不仅如此，江诗丹顿为了完美展现出这个系列的超凡魅力，与摄影师史蒂夫·麦凯瑞合作，配合"纵横四海"系列的 12 个型号，选取 12 个极具特点的地点和视角，全程记录江诗丹顿"纵横四海"系列的风采。摄影师史蒂夫·麦凯瑞曾经说过："对我来说，一张作品最重要的特质在于独立性，只需一张照片，便能带给你一个故事。"

"最小批量，最优质量，最高卖价"对于江诗丹顿绝对不是一个口号。目前，江诗丹顿的年产量不超过 2 万件，每件精品都是制表师丰富的制表经验和设计师超凡的灵感相互碰撞而产生的。钟表的每一个刻度和每一个零件，都在展示着江诗丹顿悉力以赴、精益求精的信念。

传奇时计

从 19 世纪起，江诗丹顿开始着手研发女士用表，工艺精湛，外观迷人，令许多女性趋之若鹜。女性对于珠宝的热爱是个永恒的话题，而将珠宝镶嵌和传统制表工艺相融合则是江诗丹顿的拿手绝活。2015 年推出的"Heures Creatives"系列高级女士腕表——是珠宝与钟表的完美结合。型号 37531/Fo4G-B060 和 37530/000G-B060，表壳用 18k 铂金铺镶钻石，看上去就像一把精致的折扇，转动折扇，能看到隐藏在内的珍珠贝母表盘。

女性有细腻的情感，而江诗丹顿的"月相盈亏"系列恰恰满足了女性对于月亮的全部幻想。流畅的表壳周围镶嵌有一圈精美的宝石，表盘内的珍珠贝母与宝石熠熠生辉，在表盘中间有月相盈亏的显示。在这诗意设计的背后是让人拍案叫绝的制表工艺，其机芯的精准度122年才需要调整一次。

男性在挑选表款时，更倾向于简约和低调奢华的魅力，江诗丹顿的"继承者"系列拥有众多男性粉丝。腕表的表盘简单明了，有一款甚至精简到连秒针都不用，只有时针和分针，这样的双针显示让人难忘。

1912年，特立独行的江诗丹顿不再选用经典的圆形表盘，推出了酒桶形的表盘，给人一种耳目一新的感觉，这个系列被称为"经典的马耳他"系列。而在1912年后的百年间，江诗丹顿也在不断丰富"马耳他"系列。2012年，江诗丹顿为"马耳他"系列又添两件佳作，携带日内瓦印记的它们，外表优雅，工艺复杂，低调中尽显奢华。

在江诗丹顿两百多年的历史中，有四只定制的复杂功能怀表最具有传奇色彩。

1927年，移民埃及的瑞士人弗朗西斯回到了家乡日内瓦。埃及在1922年已经成功摆脱了英国的殖民统治，新上任的福阿德一世对复杂钟表有着浓厚的兴趣。弗朗西斯希望能找到一件最具代表性的礼物，送给现任的埃及国王，便在江诗丹顿定做了一款怀表。

　　两年后，这款古董表终于问世。主要材质用 18K 黄金制作，在底盖上有珐琅烧制的埃及皇家标志，拥有万年历钟琴乐音报时等复杂功能。在 2015 年编号为 57260 的表款问世之前，这块古董表一直被鉴表师称为世界上最复杂的表。

　　国王福阿德的儿子——埃及的另一位国王法鲁克一世继承了父亲对复杂钟表的兴趣，更加热衷于钟表收藏。1934 年，还是王储的法鲁克一世访问了日内瓦，日内瓦政府赠送给他一枚复杂功能的怀表。这款表的复杂程度也不逊色，并且还增加了闹铃功能。在当时，具有这项功能的怀表只有四枚，因此在鉴表师眼里它的意义非比寻常。

　　江诗丹顿另外两枚定制怀表的拥有者，分别是摩纳哥亲王兰尼埃三世的表兄盖·德·波伊斯洛夫雷伯爵和詹姆士·沃德·帕克。波伊斯洛夫雷伯爵是慧眼独具的珠宝和艺术品的收藏家，他于 1948 年获得了这枚江诗丹顿精品。美国帕克汽车公司的创办人詹姆士·沃德·帕克是 20 世纪初最挑剔的钟表收藏家之一，江诗丹顿为其制作的这枚复杂功能怀表，是一枚报时表，设计极尽简约，不仅满足了帕克要求的所有功能，还极其精准。这枚怀表在 2011 年从近 180 万元美元的成交价在纽约拍卖会上成交。

　　从 1755 年品牌成立开始，江诗丹顿每一款表的内部都有各自的编号，到现在我们能找到大约 2000 多款原始款式。在其 260 年的历史中，留下了众多艺术珍品。钟表记录着时间，而精湛技艺的传承比时间更珍贵。

13

Breguet
Depuis 1775

Since 1775

宝 玑
BREGUET

：

匠心独具的"表王"

创始人：

亚伯拉罕-路易·宝玑

品牌诞生地：

法国巴黎

品牌总部：

瑞士伯尔尼

品牌历史：

宝玑品牌创立于1775年，在业界有"表王"之
称，被誉为"现代制表之父"。宝玑品牌拥有数量
众多的制表专利，陀飞轮、自动上链系统等一系列
重要的发明均出自其手。宝玑家族历经三代，在创
始人宝玑先生的孙子接手公司后，无力照管钟表制
造业务，把它转让给了友人。1988年，宝玑公司
再次完全独立，迁回瑞士，落脚于汝拉山谷。

历代掌门人：

1775年，亚伯拉罕-路易·宝玑在巴黎的钟表堤岸开
始创业；老宝玑去世后由他的独子安东尼-路易·宝
玑接管了公司；1833年，安东尼-路易·宝玑的儿
子弗朗索瓦·克莱门特·宝玑接管宝玑手表品牌；
1870年，弗朗索瓦·克莱门特·宝玑把宝玑品牌卖给
表厂车间主任爱德华·布朗，宝玑家族彻底失去了对
宝玑品牌的掌控权；之后，爱德华·布朗家族又将宝
玑品牌再度转手，出售给巴黎珠宝世家的继承人舒雅
兄弟，1988年，宝玑公司再次独立，迁回瑞士；由于
投资失败，宝玑品牌又被出售给了阿拉伯投资银行公
司，由中东富豪艾哈迈德·扎基·亚马尼酋长掌管；
1999年，斯沃琪集团收购了"宝玑钟表集团"。

天才"表王"是怎样炼成的

宋儒朱熹曾这样评价孔子:"天不生仲尼,万古如黑夜。"如果用这句话来形容宝玑先生对机械行业的贡献,也是恰如其分的。在钟表界,宝玑不但有着"表王"的称号,同时也有"现代制表之父"的美誉。曾有专业人士这样表示,当今的任何一个品牌的机械表,无论是手动上弦还是自动上弦,至少有两项技术发明来自宝玑。如果离开宝玑的贡献,那么这只机械表是无法正常工作的。

亚伯拉罕 - 路易·宝玑(Abraham-Louis Breguet),出生于瑞士纳沙泰。宝玑家族在 15 世纪迁入纳沙泰,经过三个世纪的繁衍生息,到了亚伯拉罕 - 路易·宝玑出生的时候,已经成功在当地站稳了脚跟。宝玑家族的先祖擅长捕鱼,他们家族徽章上的标识就是太阳、一条鱼和湖水,虽然在瑞士生活多年,但家族中从未出现过与制表业相关的先辈。

亚伯拉罕 - 路易·宝玑的父亲是一名来往于纳沙泰附近进行贩卖的商人,在小宝玑 5 岁的时候,父亲改弦更张,开了一家小饭馆,生意相当不错,络绎不绝的前来用餐的客户也为小宝玑带来了外界的信息。日子就这样悄然过去,不幸的是,小宝玑的父亲在他 11 岁的时候去世了,家里少了顶梁柱,日子开始艰难起来。后来,母亲带着他改嫁给乔瑟夫,一名从事制表行业的退役军官,至此,小宝玑的人

宝玑

BREGUET

匠心独具的"表王"

生发生了转折。

当时的纳沙泰是一个仅有 3000 人左右的小镇,制表业却非常兴盛,制表作坊鳞次栉比。这里是小宝玑最喜欢玩耍的地方,每当闲暇时,他便盯着那些工匠手里的工作一动不动。长大后,对读书完全不感兴趣的宝玑终于如愿以偿,继父安排他进入了法国著名思想家伏尔泰在瑞士的一个机械表作坊,成为一名学徒。在这里,宝玑如鱼得水,每天都待在作坊里,沉迷于制表技术的学习。16 岁时,宝玑已经掌握了基本的制表工艺。年轻的他开始想到外面见识一下了。

在当时的 18 世纪,瑞士虽然有很多制表作坊,但是法国和英国才是世界制表行业的中心,那里聚集了无数优秀的制表匠。虽然宝玑已经掌握了成熟的制表技艺,但毕竟只有十几岁,父母不支持他离开瑞士到外地谋生。好在继父与巴黎有生意往来,小宝玑死磨硬泡地跟着他来到凡尔赛宫附近居住。就这样,小宝玑开始了自己的寻梦之旅。

很快,擅长交际的宝玑结识了一位数学家朋友,教给他数学知识。后来宝玑又拜入路易十五的御用制表师门下,开始系统地学习高端机械表的制作技艺。这段经历成为宝玑日后拥有众多皇室客户的契机,甚至后来宝玑也成为路易十六的御用制表师,法国国王路易十六及其妻子玛丽·安托瓦内特都对宝玑的作品大为欣赏。

掌握了制表工艺的宝玑,开始琢磨开设自己的制表作坊。当他透露出这个念头以后，老客户纷纷表示愿意继续支持他。经过一番筹备，宝玑在一栋三层的大楼租下一个空间，28 岁的他终于在巴黎拥有了自己的制表作坊。宝玑将其命名为"Quaide Phorloge"，是宝玑表的前身。

在这一年，对于宝玑而言，还有一件重要的事情发生，他和巴黎当地一个叫玛丽的姑娘结为夫妇。两人结婚后，相敬如宾，琴瑟和鸣，度过了一段幸福的日子。但是玛丽的身体状况一直不好，宝玑便将生活的重心转移到家庭上来。婚后第五年，玛丽去世了。玛丽一共为宝玑生育了三个孩子，但仅有一个活了下来，宝玑没有再娶，儿子由玛丽的妹妹抚养长大。

感情生活上受到的挫折令宝玑痛苦不已，他又将人生的重心放在了制表事业上，他非凡的创造力得以在制表作坊里完美呈现。早年的学徒生涯，使宝玑更能了解学徒们的艰难，他更愿意给年轻人机会，从不约束他们新奇的想法。他这种开放的态度，吸引了一大批优秀的工匠，一件件新奇的作品在他们手里诞生。

宝玑在机械表行业的创新之旅从未停止：为了改进当时的自鸣表音质，发明了大大减少阔度的鸣钟弹簧；为了保证机械表更加稳定地工作，发明了世上第一个手表防震装置，令手表不再那么容易受损，性能更加可靠。

1823 年，宝玑先生传奇的一生走到了尽头，但是他的创新精神流传了下来，融入了宝玑品牌的血液。

宝玑
BREGUET
匠心独具的"表王"

今日的宝玑由"百里鸽","拉马尼亚"及"瓦尔达"三家公司策略联盟后，进行经营。经过改组后的宝玑公司，资金充足，实力大大增强，发展日新月异。在零件生产方面，宝玑已将大部分的组件交由同集团专司生产计时码表机芯和高级机械机芯的"拉马尼亚"公司，"瓦尔达"则专门研发微机械和精密零件。宝玑只负责最特殊机件的制造与研发。

机械表的技术担当

宝玑师从路易十五的御用制表师，从在巴黎的学徒时期就开始与法国皇室接触，后来，其精湛的制表技艺和不断推出的新发明，赢得了法国贵族的厚爱。宝玑表的客户就包括法王路易十六和玛丽·安托瓦内特王后。为国王和王后制表，不但是荣誉，而且丰厚的利润使宝玑能心无旁骛地潜心研究新技术。可以说，当时每一块出自宝玑工作坊的时计作品均代表了当时的最高制表技艺，所有宝玑时计均配备独创机芯，其中大部分钟表配备了宝玑精心改良的杠杆式或宝石轴柱擒纵装置。

初期，宝玑依靠法国贵族打开局面后，便深深感觉到，只有制表工艺才是自己的安身立命之本，他对很多制表环节进行了技术改进，其中有很大一部分技术是创造性的。

1789 年，宝玑开发出无须润滑油的擒纵装置。由于擒纵装置承担着机械能量传递的功能，毫无疑问会有较大磨损，在当时面世的机械表中，需要经常为擒纵装置上润滑油，方能确保机械表的运行，不但烦琐，而且经常打开表壳也加大了精密配件损伤的风险。

1790 年，宝玑发明了世界上首款机械表防震器，以确保即使遭遇剧烈的震动，时计仍然能够正常运行。

1795 年，宝玑推出了摆轮游丝末圈，它是机械表结构中的调速系统，有着"机械表心脏"之称。摆轮游丝在机械表中以一定的速度保持旋转震荡，以确保稳定而准确地计时。这项技术的难度在于，摆轮游丝异常纤细，但是为了保证机械计时的稳定运行，又必须承受较大的张力。

1799 年，宝玑推出了在当时令人"匪夷所思"的触摸式机械表，这就是著名的 Tact 表。它打破了人们只有通过视觉才能知道时间变化的常识，仅仅通过触摸，就能准确地掌握时间，不得不说是制表历史上一次飞跃。

1801 年，又一项跨时代、足以影响了机械表未来的发明被创造出来，它就是取得了专利权的陀飞轮标准时计，它让地心引力对机械表的影响降到了最小，使人类的计时精度提高了一大步。

1820 年，宝玑先生暮年之际，仍然在孜孜不倦地工作，推出了"双秒针表"，也就是现代计时的前身。

宝 玑

BREGUET

匠心独具的"表王"

    1707 年，一支英国海军舰队因误算经纬度而迷失在大雾中，导致 2000 名海军将士葬身海底。这件震动欧洲的事件让各大海上强国意识到必须有一个能在海上判断经纬度的仪器，这就促成了"航海天文船钟"的出现。然而，当时的航海天文船钟，在海上恶劣的自然环境下，出现了一系列的问题，要么稳定性太差，要么精确度不够。1815 年，法国国王路易十八授予宝玑法国皇家海军专用制表师的崇高头衔，全权委托他进行航海天文钟的研发。

    7 年后，宝玑不负重托，光荣地完成了任务，第一只航海天文钟开始在法国海军服役。宝玑将其命名为"马林航行表"，它可以安装在船只中部，并具有很多特别的用处，除显示精确时间外，还可在海上确定经纬度。这只特制钟表首先采用芝麻链圆锥塔轮，将桶状游丝的冲击式擒纵机构沿摆轮偏向安装在一个小巧的、可拆卸的托板上，这种标志性的航海天文船钟设计一直影响了世界航海精确计时器制作一百五十多年。

    虽然宝玑赢得了海军钟表制作师的美誉，不过这中间也有一些遗憾。宝玑是以高端定制为主营业务的，制表师和设备都较少。而大航海时代，宝玑的生产能力远远不能满足量产。在宝玑成功研发出第一只航海天文钟后，英国多家制钟厂也造出了英制航海天文船钟，迅速占领了世界市场。很多年间，宝玑只能较少为法国的海军提供产品，这也是宝玑商业运作上一个令人遗憾的地方。

    后人曾专门对宝玑做过研究，其传奇的一生留下的无数发明中，至今仍然对机械表行业产生着重大影响：飞轮擒纵结构，一举奠定了机械表的内部构造；摆轮双层游丝，至今仍是机械表的心脏式的装置；在当时看起来足够神奇的自鸣钟；定速擒纵结构仍然在起着减少齿轮和摆轮之间冲突的作用；三问表的盘旋式打簧系统还在为机械表发出报时的声音。

传奇怀表 —— NO.1160

　　法国国王路易十六的皇后玛丽·安托瓦内特，是神圣罗马帝国皇帝弗兰茨一世与皇后兼奥地利大公、波西米亚及匈牙利女王玛丽亚·特蕾西亚的最小的女儿，一直颇受家族喜爱。皇室长大的她，有极高的贵族修养。据说，当玛丽被推上断头台的时候，踩到了刽子手的脚，这时仍不忘对刽子手说："对不起，您知道，我不是故意的。"而生于皇室的她对艺术的鉴赏力，自然也是非同凡响。

　　1783年，一位神秘人士悄然造访宝玑，声称要定制一只世界上最完美的腕表送给当时的法国王后。作为法兰西的御用制表师，宝玑制作的都是高端机械表，然而如此高难度的要求也是第一次遇到。不过，宝玑是不惧挑战的，自从接到订单以后，便组织人手开始了研发工作。宝玑的制表师有无数个念头涌现出来，一再修改设计，这块传奇怀表历经 44 年才制作完成。

在怀表制作期间，法国大革命爆发了，国王和王后都遭到了囚禁。在怀表开始制作十年后，王后被推上了断头台。玛丽·安托瓦内特生前没能一睹它的真容。甚至，宝玑本人也没有见到这块传奇怀表的成品，他于怀表制作完成的 4 年前便去世了。

1983 年，一个震惊世人的消息传来，一直存放在耶路撒冷的它被盗了，此后多年一直难觅踪迹，直到 2007 年，才再次被寻回。

2004 年，掌管宝玑的尼古拉斯·海耶克先生做出了一个挑战宝玑制表师们的决定：复刻这款传奇怀表。由于历史久远，加上中间经历了法国大革命，很多文件损毁，甚至其中某些制表技术已经失传，工作难度很大。庆幸的是，位于巴黎的宝玑博物馆以及艺术与贸易博物馆还保留了原技术绘图，成为唯一的文献资料，宝玑的制表师正是靠着这份资料，完成了这件传奇艺术珍品的复刻。

复刻的"No.1160"玛丽·安托瓦内特怀表制作完成时，世人不禁感叹前人的高超技艺：它具备小时、分钟、秒钟、万年历和时差显示，时、刻、分三问报时功能，以及独立秒针、温度计和动力储备显示。仅仅怀表的自动上链机芯就由 823 块经精心处理的零部件组成，主夹板、桥架、所有活动齿轮、日历及打簧机构轮系以木打磨的玫瑰金制造，主夹板螺丝则采用抛光蓝钢制造。

皇室里的铁杆粉丝

拿破仑钟爱宝玑品牌。根据历史资料显示，1798 年 4 月，在拿破仑远征埃及几星期前，他选购了 3 款重要的宝玑时计：一款打簧表、一台带日历的打簧旅行钟及一款"自动上链"打簧表。

卡洛琳娜是拿破仑最喜欢的妹妹，嫁给了若阿尚·缪拉，拿破仑麾下最为勇猛优秀的元帅之一，拿破仑亲自主持了妹妹与缪拉的婚礼。1808 年 8 月 1 日，缪拉成为那不勒斯国王，卡洛琳娜便是著名的那不勒斯王后。因为缪拉长期在外作战，卡洛琳娜才是那不勒斯真正意义上的执政人。她聘请了多位匠师并亲自监督皇宫的装修工程，热衷于赫库兰尼姆和庞贝古城的考古挖掘，并将自己不凡的艺术品位引入那不勒斯。

卡洛琳娜 23 岁那年，从宝玑购买了两只时计作为生日礼物，此后数年一直购买宝玑的作品，共购得 34 款时计和座钟。1810 年，已成为那不勒斯王后的她，作为一名名副其实的钟表迷向宝玑发出订单，作品历经两年时间制作完成。令卡洛琳娜惊喜的是，宝玑的设计是一个类似于手镯的饰品，表面采用了罕见的椭圆形设计，并配有一条金线织成的表带，兼具饰品的美观和时计的功能。根据后世考证，这只手表是有历史资料记载的最早的腕表。遗憾的是，这只腕表后来不知所终，如今我们仅能在宝玑的一段文字资料中揣测它两百年前的绝世芳容。

除了拥有一票皇室粉丝之外，宝玑在文学作品中也占有一席之地，甚至可以说是文学作品中出场次数最多的钟表品牌。许多大作家都在作品中表达了对宝玑品牌的喜爱，他们包括：司汤达、普希金、普罗佩斯·梅里美、巴尔扎克、大仲马、雨果以及近代的帕特里克·奥布莱恩和浅田次郎等。

法国大文豪司汤达曾在《罗马、那不勒斯和佛罗伦萨》中发出这样的感慨：“宝玑所制作的腕表，即使运行二十年仍丝毫无误。反观我们的身体却经常失误，一星期最少带来一次疼痛。”

俄罗斯伟大的浪漫主义诗人普希金，在《尤金·奥涅金》中描述一个花花公子时，也有这样的桥段：“一个徜徉街头的花花公子……百无聊赖地四处闲逛，直至他准确的宝玑表提醒他，才惊觉时间已至正午。”

普罗佩斯·梅里美则在《西班牙的信》中写道：“旅客很后悔带这么多贵重财物上路，他凝视着其宝玑表——意识到可能是最后一瞥了，心里暗忖要是将它放在巴黎住所的壁炉架上该有多好！”

巴尔扎克在自己的名著《欧也妮·葛朗台》中，也给宝玑安排了一个出场的机会：“他掏出那枚最优雅纤薄的宝玑表款。啊！才11时！今天起早了。”

大仲马在其名著《基督山伯爵》中这样描述宝玑时计的珍贵：“唐格拉斯的腕表是一块宝玑杰作，他昨天才小心翼翼地为它上链。它就在清晨5时30分悦耳地敲着报时。”

到了近代，宝玑品牌继续在文学作品中出场。帕特里克·奥布莱恩在《怒海争锋》中如此赞扬宝玑品牌优良的性能："他们都是真正的宝玑表，优异的准确度，可靠的耐用性……"

日本文学家浅田次郎在《远方枪声》中，算是为宝玑品牌彻底做了一次代言——"我手上的腕表是由伟大的工匠宝玑所制作的瑰宝，据说曾为法王路易及玛丽皇后所拥有，是一款无上精准的杰作。"

独一无二的宝玑风格

宝玑在钟表界已经成为一个传奇，开创了无数先河，两个多世纪来一直保持着强烈的宝玑风格。

独立编号

宝玑自始创至今，每块时计均带有独立制作编号。这样既能有严格的身份追溯，也成为收藏界辨别宝玑时计真假的一个重要方法。这样的制作方法一直延续了两个半世纪，这些独一无二的生产编号，与宝玑表一起见证着宝玑品牌的发展。

隐形签名

宝玑时计在欧洲贵族圈的成功，使其不可避免地成为被仿制的目标，宝玑一度为此苦恼不已。1795 年，经过慎重的思考，宝玑做了一

宝玑

BREGUET

匠心独具的"表王"

个大胆而又富有创意的决定。为打击仿品，宝玑为每一只自己制作的时计都加上一个隐形签名，蚀刻在表盘上，只会在光线以斜角照射下呈现。

镂刻花表盘

1786 年，宝玑设计了一套精美的图案，并用手工的方式把它镂刻到表盘上。镂刻的表盘，不但有着强烈的艺术美感，而且能让人透过表盘看到内部工作的机芯。至今，镂雕刻图案仍是宝玑腕表的标志性特色之一。

手工镂刻表盘是高难度的技艺，它的原材料是一块实金，制表师以手工雕刻刀，根据事先设计好的图案，先刻画大致的轮廓，然后进行手工镂刻，镂刻细腻的防眩光无光表盘。宝玑为此设计了许多专用图案，至今我们仍然可以在宝玑时计的不同系列产品中看到，比如：巴黎鞋钉纹、巴黎卵石纹、太阳放射纹、大麦纹、波浪纹、十字交织图案、棋盘、火焰，等等。

在新技术广泛应用的今天，宝玑仍然坚持使用传统的镂刻方法，车床仅仅是辅助工具。在宝玑的每一只时计中，我们都可以目睹那精确度可以达到 0.1 毫米的镂刻技艺。

宝玑数字时符

宝玑先生设计的阿拉伯数字时符，至今仍在部分宝玑表款中使用。这种设计最早在法国大革命前面世，当时表盘除了阿拉伯数字时符外还有小星分钟刻度和可爱的百合花五分钟刻度，到 1790 年发展为今天所见的式样。宝玑先生并不是一位艺术家，但在艺术史上留下了自己的印记。

表框坑纹

宝玑表框上的钱币饰纹（双排串珠形）是闻名遐迩的品牌标志，这种设计的最初起源已经不得而知。制作方法是工匠把饰纹冷轧到表框上，并用机械夹钳紧。至今，大多数宝玑不同系列的时计，均保留着这个别具一格的细节。

宝玑指针

宝玑先生于1783年设计了一套带镂空偏心的"月形"针尖，线条修长雅致，从面世起即大受欢迎，至今已经沿用了两个多世纪。"宝玑指针"已经成为制表业常用的专业名词，款式简洁易读，在其他品牌中我们也可以看到它的身影。

焊接式表耳

在表耳这个仅见于腕表的部件上，宝玑也有自己独特的设计。它创造性地把表耳整个焊接于表框上，以螺丝栓取代常用的弹簧杆，将表带固定于两个表耳之间。在坚固耐用的基础上，也更符合美学原理。

14

GP
GIRARD-PERREGAUX

Since 1791

芝 柏
GIRARD-PERREGAUX

:

三金桥陀飞轮，蒙娜丽莎的微笑

创始人：

让-弗朗索瓦·波特和康士坦特·芝勒德

品牌诞生地：

瑞士拉绍德封

品牌总部：

瑞士拉绍德封

品牌历史：

1791年，让-弗朗索瓦·波特创办了一家拥有当时制表业所有工种的制表工厂。康士坦特·芝勒德在1852年创建了Girard & Cie公司，1856年，与妻子在拉绍德封携手创建了以其名字命名的Girard-Perregaux制表厂。1903年康士坦特·芝勒德去世，他的儿子康士坦特·芝勒德·歌朗接掌芝柏表，并于1906年正式合并了让-弗朗索瓦·波特的表厂。1928年，一位从20岁开始就在拉绍德封建厂并拥有品牌MIMO的德商制表师奥托·格雷夫成为GP芝柏表的大股东。1992年，意大利企业家、建筑师、前赛车手路易吉·马卡卢索的索风集团收购了芝柏表厂。1993年，在路易吉·马卡卢索的倡导下，GP芝柏表与法拉利签约合作，从而诞生了一系列带有传奇"跃马"标识的运动和高复杂型表款。2011年，开云集团控股索风集团，芝柏成为开云集团的子公司。

历代掌门人：

让-弗朗索瓦·波特1791年创办表厂，去世后，他的儿子和女婿接管了表厂。1856年，康士坦特·芝勒德与妻子创建表厂。康士坦特·芝勒德去世后，他的儿子康士坦特·芝勒德·歌朗接掌芝柏表，并于1906年正式合并了波特的表厂。1992年，意大利人路易吉·马卡卢索成为芝柏表的新任掌舵者。2015年，开云集团宣布任命安东尼奥·卡尔斯为芝柏表总裁。

表中的蒙娜丽莎

蒙娜丽莎，是一个永远探讨不完的话题。从画作问世至今已近五百年，后人不知对其做过多少品评和揣测，如今，研究《蒙娜丽莎》的专著有数百部，不少学者将此画作为终身课题。

如今，蒙娜丽莎在卢浮宫一处显要的位置，隔着厚厚的防弹玻璃，每天以我们熟悉的、神秘而永恒的微笑迎候数以万计的来访者。这些朝圣般的观众心中装着各式疑问，他们渴望在这张温柔娴静的脸庞中读出答案。

在钟表业，也有这样一个神话，就是被称为表中的"蒙娜丽莎"的芝柏表。芝柏表的起点可追溯至 1791 年。

制表大师让 - 弗朗索瓦·波特（Jean-Francois Bautte）于 1791 年创立了一家表厂，当时只是一家小小的制表厂。波特非常睿智地将所有制表工序集中在一起，改变了以往由一个制表匠独立完成所有工作的状况，这种生产方式可以说是流水线生产的雏形，在当时是非常先进的。在那个时候，大部分品牌还停留在手工作坊的阶段。波特是当时知名的制表师和珠宝师，是第一位成功将珠宝引入制表业的大师，这些让他收获了当时许多杰出人物的尊敬，法国文豪大仲马曾将其开设的精品店视为"日内瓦最时尚的珠宝名店"。

让 - 弗朗索瓦·波特 1772 年 3 月 26 日出生在一个劳工阶层的家庭，

芝 柏

三金桥陀飞轮，蒙娜丽莎的微笑

幼年即不幸成了孤儿。波特 12 岁时便拜师学习制表，接受过多个工种的训练，包括表壳组装、格状饰纹刻画、制表和金艺。在顺利完成学徒生涯以后，有了稳定生活的波特在业余时间系统地学习了科学知识，这也为他后来成为蜚声钟表界的大师，打下了坚实的基础。波特在 19 岁的时候，制作出了刻有自己名号的时计。两年后，他开始寻找新的合作伙伴，试图在事业上取得更多的突破。昔日雇主雅克多芬与他不谋而合，以往一起工作的经历也让两人之间结下了深情厚谊，顺利地达成了合作意向。就在这一年，波特的名号也第一次出现在了瑞士指标行业的官方商业登记上。

1837 年 11 月 30 日，波特与世长辞，仅仅在这个世界上度过了 65 个春秋。他披荆斩棘开创的制表事业，交给了儿子让 - 波特（Jean Bautle）和女婿让 - 萨缪尔·罗塞尔（Jean-Samuel Rossel），二人继承了父辈的制表理念和制表工艺。此后这家制表工厂曾经数度易手，直到 1906 年被芝柏收购。

芝柏的另一位重要创始人康士坦特·芝勒德（Constant Girard），出生在瑞士的拉绍德封，一生都在那里辛勤工作。康士坦特·芝勒德是一位极具才华的制表大师，27 岁便创立了自己的制表工厂。年少成名的康士坦特·芝勒德吸引了出身于力洛克一个著名表商世家的玛丽·佩雷戈（Marie Perregaux）的注意，并结为终身伴侣。婚后，夫妇二人一致决定将自己家族的姓氏联合，创立了一家公司，就是我们耳熟能详的芝柏品牌（Girard-Perreguax）。

芝 柏

GIRARD-PERREGAUX

三金桥陀飞轮，蒙娜丽莎的微笑

1867 年，一心扑在制表事业上的芝勒德，终于取得了重大突破，成功地把黄金这一贵重金属运用在了机芯上。这种三金桥陀飞轮机芯，让整个钟表界为之震惊。这一伟大的杰作，于 1867 出现在了巴黎国际博览会上，并毫无争议地获得了金奖，被誉为表中的"蒙娜丽莎"，可见其无与伦比的精致和美丽。

此后，芝柏表又携带三金桥陀飞轮机芯多次参加巴黎国际博览会。到了 1901 年，一个令人匪夷所思的消息传出来，巴黎国际博览会宣布三金桥陀飞轮今后将不能再参展。博览会给出的理由，让人哭笑不得，却又觉得理所当然，禁赛理由是因为它太过完美，世间无法再有与之匹敌的杰作。三金桥陀飞轮的设计，其意义已经远远超越了技术功能本身。作为当今仅存的几家历史悠久的真正的瑞士表商之一，芝柏最大的心愿就是把曾经的辉煌永久地延续下去。

而此时的波特表厂则境遇不佳，虽然老波特去世后，儿子女婿接管了表厂，但是，让 - 波特似乎对经营表厂并没有什么兴趣，不久他便主动退出了波特表厂的经营，只剩下让 - 萨缪尔·罗塞尔一人独自支撑。庆幸的是波特表厂经过多年发展，已经积累了深厚的底蕴，尚能够正常运转。罗塞尔着力培养自己的儿子，希望波特表厂能够传承下去。但故事没有按照他的意愿继续，罗塞尔在世时，他的儿子尚能够兢兢业业地经营表厂。或许，父子两代人对表厂寄予的感情不同，父亲认为这是家族事业的传承，在儿子眼中，这仅仅是一个养家糊口的生意。罗塞尔去世后没多久，他的儿子便经受不住高价的诱惑，出售了波特表厂。

收购人便是刚刚接手芝柏表厂的康士坦特·芝勒德-歌朗（Constant Girard-Gallet），1906 年，经过一番讨价还价，收购方案最终谈妥。芝柏表不但接收了波特表的所有客户和研发技艺，更是将自己表厂的品牌历史向前延伸了 60 年。

1932 年，美国成为全世界风头正劲的国家，一时间腕表等奢侈品供不应求，芝柏表自然不肯放弃这个机会，成功在美国设立了自己的分公司。此后不久，第二次世界大战爆发，由于成功的商业运作，芝柏得以全身而退，几乎完全没有受影响。二战后的芝柏已经成为国际知名品牌，公司重新对品牌进行定位，并最终决定在拉绍德封芝勒德广场一号营造新的办公大楼。此后，这座办公大楼一直作为芝柏的形象代表之一，1988 年进行了一次重修，至今仍是芝柏总部的所在地。

对精密机械的执着追求

两个多世纪以来，芝柏表的经典创意源源不绝，一代又一代高水平的制表大师们，创作出一只只卓越的时计。

芝柏注册的近 80 项制表工艺专利，是建立在持续性的大力投入研发的基础上的，正因如此，才能保证品牌有足够的能力掌控全部的

芝 柏

GIRARD-PERREGAUX

三金桥陀飞轮，蒙娜丽莎的微笑

制作流程。

资料记载表明，历史上第一次批量制作腕表，就是从芝柏开始的。1880年，德国皇帝威廉一世准备邀请芝勒德为2000名海军将官制造一批表。充满创意的芝勒德经过慎重的思考，对威廉一世提出了一个大胆的想法，希望把原来预定的怀表做成腕表。在怀表大行其道的年代，这个提议被威廉一世认为过于冒险，芝勒德坚持自己的意见，威廉一世考虑到实用性，做出了让步。制作腕表，必须对水晶的表镜做足够的保护，最终诞生了表镜被奇怪的金属格栅保护的腕表，以防止碰撞。这一批腕表总共制作了2000枚。

腕表的命运在第一次世界大战的时候迎来了转机，相对来说腕表比怀表更加方便，各国军方开始意识到"免手提"腕表的重要性。随后这股风潮传到了民间，腕表时代开始。仅仅十余年的时间，全世界腕表的产量就大大超越了怀表，各式各样的外观——正方形、蛋形、圆形，甚至三角形的设计纷纷出现。此后，腕表的配饰功能逐渐加强，各种装饰层出不穷。

1965年，芝柏在"索环"系列中首次采用了36000振次/分的高频机芯，采用这款机芯制造的一系列产品通过激烈的竞争，获得了（瑞士）纳沙泰尔天文台证书。制表工厂能够获得如此殊荣，在制表行业尚属首次，在此之前，只有实验室产品或特制钟表才能顺利通过测试。1966年，芝柏表再次获得殊荣，荣膺纳沙泰尔天文台一百周年纪念奖，这是对芝柏制表最直接的肯定。

芝 柏

GIRARD-PERREGAUX

三金桥陀飞轮，蒙娜丽莎的微笑

在制作出高频机芯以后，芝柏在 1969 年又设计和生产了一枚石英机芯，振荡频率 32768 赫兹。到 1970 年，在巴塞尔钟表展中，瑞士石英表作为腕表界的新成员，首次进行商业展览，芝柏也展出了自己制作的第一款石英腕表。

如果说芝柏代表了时间，那么法拉利则代表了速度，它们的联合无疑是对时间与速度的最完美诠释。

作为两个在各自领域都取得了非凡成就的著名品牌，芝柏与法拉利有很多相同的经营理念。1993 年，芝柏和法拉利签署了合作协议书，商定使用传奇的"跃马"创作一款双秒限量系列分段计时表。消息一经传出，人们纷纷开始打听预售方式。这两个品牌在经销渠道方面非常严格，只有实力的经销商才能与他们合作，经销商数量也非常稀少。法拉利是如此解释这次合作的：芝柏和我们一样有着自己的研发部门，只有如此才能研发出和我们品牌相匹配的腕表。

在接下来的日子里，每当法拉利隆重推出新车型时，芝柏也会针对新车型，相应地推出一款表与它呼应。并且，只有拥有法拉利的车主才有权购买纪念款芝柏表。

1994 年 4 月，芝柏在巴塞尔展出了两款新研发的自动机芯，GP3000 及 GP3100。这一年 6 月，芝柏新款"向法拉利致敬"双秒针分段计时表的发布仪式在拉绍德封举行。7 月，在法拉利 50 周年庆典之际，由芝柏研发的"法拉利逸 F50"纪念表在拉绍德封开始国际性推介，同场还展出了 127 辆经典的法拉利名车，让众多发烧友为之疯狂。

进入"石英时代"以来，传统的手工制表技艺遭遇了极大的挑战，很多瑞士表厂因为成本关系，只能遗憾地停止了自行设计和生产钟表机芯。而从成立至今的 200 多年来，芝柏却能一直执着地追求完美品质，始终坚持自行生产机芯。目前，芝柏是瑞士仅存的几家能设计和生产机芯的表商之一。

镇店之宝——三金桥陀飞轮

1801 年 6 月 26 日，宝玑品牌的创始人宝玑先生从巴黎专利局获得了一项为期 10 年的新型时计擒纵机构专利，后来，人们形象地称之为"陀飞轮"。在早期的钟表制造中，制表师们发现无论多么精密的钟表配件，都不能精准地计时，虽然大家一致认为这是由地心引力对钟表配件的影响导致的，却没有解决的办法。直到陀飞轮出现，有效地对抗了地心引力，才让计时更精准。

"陀飞轮"是音译与意译相结合的产物，法文是 Tourbillon，有"漩涡"之意。这个词源自法国数学家笛卡儿，用来形容行星围绕太阳公转。哲学家让 - 勒朗·达朗贝尔做了进一步的解释，认为它是重物围着单一轴心运转之意。而陀飞轮的发明者宝玑先生解释得更加简单明了："我的这项发明可以抵消摆轮处于不同位置的地球引力产生的误差……"

芝 柏

GIRARD-PERREGAUX

三金桥陀飞轮，蒙娜丽莎的微笑

陀飞轮能有效补偿摆轮的重力作用、游丝的偏心运动、游丝的方位角等所产生的位置误差。这种装置的最大特点，是摆轮游丝和擒纵系统在运行的同时，还能够一起做360°旋转，这样就最大限度地减少了地球引力所导致的位置误差，从而进一步提高计时精准度。

擒纵装置是机械计时最重要的配件之一，能保证钟表按预定的节奏走时。在这个过程中，只要擒纵调整装置的动作出现任何误差，便会造成时计失准，而这个罪魁祸首就是地心引力。调速装置中的摆轮就是利用游丝的弹性来完成摆轮运动，由于游丝卷动的方向是一定的，所以当时计的放置位置姿势（上下左右的位置）发生变化时，这一部分所受到的重力作用也将会使轴承的摩擦力发生变化，便产生了一种称为"位置差"的精度误差。例如，如果去除陀飞轮，将手表放置在平面上静止不动，就和戴在手腕上经常摆动时不同，会产生或快或慢的差异。

在大航海时代，人们对航海钟精度的要求越来越高，再无法容忍这样或快或慢的"位置差"，在茫茫大海上，任何微小的误差都可能带来致命的后果。宝玑先生费尽心思，寻求解决的妙法。很快他便抓住了问题的核心，擒纵装置之所以总是受重力的影响，就是因为它的机件一直处于一个固定的运动状态，如果能想出办法使这一部分的位置不断地改变，就能在绝大多数情形下抵消重力的作用。宝玑先生把这个擒纵调速系统安装在一个框架中，这个框架以预定的速度不断地打转。当摆轮在某一位置受到某一方向的重力影响时，到另一位置将会受到另一方向的重力影响，框架不停地转动，摆轮的位置也随之发生改变，从而承受各种方向力的影响，影响相互抵消，会有效地降低影响程度。

这项技术已经诞生了两百多年，时至今日，陀飞轮仍属于机械式复杂时计的豪华配备。它代表了高水准的制表工艺，具有机械的美感，能独立生产这种时计的厂家不多。

陀飞轮技术的升级版是多轴陀飞轮，这种最新的陀飞轮运用差动机构将原先的单轴陀飞轮扩展成为多轴陀飞轮，它的运动轨迹从二维空间扩展到了多维空间，能更加有效地对抗地心引力的影响。

早在19世纪中期，芝柏便开始应用陀飞轮技术。创办人康士坦特·芝勒德，研发出了三金桥陀飞轮，这项非凡的技术发明，为芝柏赢得了无数荣誉。

大仲马、巴尔扎克、拉斯金等文学巨擘都曾表达过对三金桥陀飞轮的喜爱之情。而一只名为"埃斯米拉达"（La Esmeralda）的双盖式玫瑰金三金桥陀飞轮怀表最为著名，从诞生起就有着传奇经历。埃斯米拉达于1889年出厂，拥有雕刻细腻的表壳，珐琅表盘，三金桥夹板、陀飞轮及黄金底板等经典技术。它曾在瑞士纳沙泰尔天文台接受了数月的测试，成绩斐然。随后，它在巴黎世界博览会上赢得了金奖。获奖归来后，埃斯米拉达先是被托管在代理商经营的墨西哥奢侈品专卖店中，后来被芝柏献给墨西哥总统迪亚斯，并最终成了他的私人财产。在 20 世纪 60 年代，埃斯米拉达被芝柏从迪亚斯的长孙那里购回，并在芝柏表博物馆中展出，成为镇店之宝。

钟表行业流传着一个说法，认为三金桥陀飞轮无论在美感、技术及象征意义上都是当时全世界最杰出的创造，相比同时代的其他钟表设计师，康士坦特·芝勒德更注重使用那些可以使他的钟表惊艳的独特性元素：机芯的结构和组件的外形，都有着强烈的康士坦特·芝勒德色彩。

现在人们给予这些独特标识更多的解读，康士坦特·芝勒德的金桥两端成箭咀型指向相反的方向，这象征着过去与将来。由于我们计算时间的系统源自公元前 3000 年的美索不达米亚文化，他们通常以 3 及其倍数作为时间计算的基础。3 亦可以代表太阳轨道的三个阶段：日出、日顶、日落，或者可以根据"三位一体"的宗教含义类推出三种不可分割的自然元素：水、土、火。历经时代洗礼，三个箭型金桥已经成为芝柏的一个象征性标志。

1986 年，芝柏表的研发部开始设计三金桥陀飞轮腕表，直到 1991 年，适逢芝柏表厂成立 200 周年纪念之际，三金桥陀飞轮腕表才得以面世，成为瑞士高端时计制作史上的杰作。这期间，芝柏攻克了无数个技术难关，最重要的一项工作就是必须将机芯缩小至可以容纳于 12 法分直径的面积内，而机芯的结构形式又必须保留，这样才能让三金桥变成表盘。

自 1991 年起，芝柏已生产了超过 20 种型号的三金桥陀飞轮腕表。

芝 柏

三金桥陀飞轮，蒙娜丽莎的微笑

在这些复杂功能的腕表中，有一项非凡的创造是为三金桥陀飞轮配置了自动上链系统。具体方法就是采用一个较小型，但密度及重量高的铂金摆陀，这样就可以容纳于三金桥结构之外的较细小的空间中。我们可以透过表盘或者透明表背，清晰地看到三金桥的结构，其中蕴含的顶尖技术及独特的腕表艺术文化传统展露无遗。

芝柏对于自己的传家宝——三金桥陀飞轮极其重视，先后两次申请了外观专利技术：第一次是1883年12月13日，芝柏申请了最早的三金桥外观设计，此时针对的是怀表；第二次是在1990年9月27日，又为腕表款三金桥申请了新的外观设计专利。

芝柏的三金桥陀飞轮主要由两部分构成：第一个部分是康士坦特·芝勒德将机芯中的支承夹板做成了金色箭桥，让这项神奇的机构拥有无与伦比的艺术美感，造型具有非凡的意味，极具装饰性；第二个部分是使用三块支承夹板，并且在中间位置镶嵌了相当大的红宝石作为轴承，这样才能保证陀飞轮本身的功能。

2003年6月，芝柏在瑞士的新制造基地竣工。新的制造基地将以前分散在各地的制表业务集中到一起，实行最严格的质量控制标准，生产能力为年产1.8万块腕表，由150名熟练员工悉心打造。

芝柏前总裁路易吉·马卡卢索曾说："创新能力加上令人钦羡的历史传承，使芝柏成为瑞士顶尖制表厂之一，但是所面对的将是不断创制细密精致钟表的永恒挑战。"

芝 柏

GIRARD-PERREGAUX

三金桥陀飞轮，蒙娜丽莎的微笑

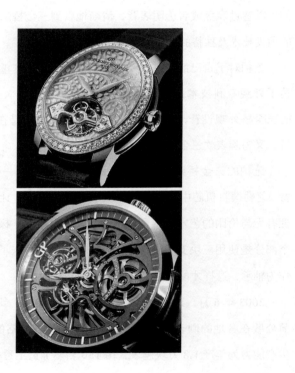

15

JAEGER-LECOULTRE

Since 1833

积 家

JAEGER-LECOULTRE

⦂

以"芯"传世，以艺取胜

创始人：

安东尼·勒考特

品牌诞生地：

瑞士汝拉山谷

品牌总部：

瑞士勒桑捷

品牌历史：

从1833年创立至今，积家发明了1231枚机芯，获享398项注册专利，有近40项顶尖工艺。1844年，安东尼·勒考特发明了一种测量精确度能达到千分之一厘米的精密仪器，成为制表工匠制作复杂钟表的最好帮手。1847年，又发明了首款以龙头控制的钟表。1903年，积家推出了当时世界上最薄的机芯，厚度仅1.38毫米。1929年，积家为祝贺英国女王伊丽莎白二世登基，受瑞士政府委托创作了一款至今仍是世界上最小的手表作为登基礼物。1931年，推出双面翻转腕表成为不朽经典。1982年，积家表厂在石英表领域取得新突破，推出了世界上最小的石英机芯。1989年，积家推出由300个精密零件构成，合并了万年历手表及闹铃表性能的腕表，被专业人士誉为创世纪的发明。不久，积家又推出了第一只世界时区表，可以同时显示两地时间。

历代掌门人：

1833年，安东尼·勒考特创立了积家品牌前身的制表作坊；之后艾利·勒考特子承父业；1903年，雅克·大卫·勒考特与来自法国的海军专属钟表师埃德蒙·耶格尔合作，成立了积家表厂；2000年，积家被历峰集团收购；现任全球总裁是瑞亚德。

汝拉山谷的积家传奇

虽然现在瑞士是整个钟表行业的制造中心，但在 18 世纪以前，英国和法国的钟表制造业更为发达，便利的交通，繁华的商业，以及当时两个国家贵族阶层的奢华，都为高端钟表制造业提供了良好的条件。17 世纪的欧洲宗教革命，迫使大批制表匠迁居和平之都日内瓦以及与法国接壤的瑞士汝拉山谷。18 世纪的法国大革命，又加剧了这样的迁徙。

在汝拉山谷，这些刚刚定居下来的法国工匠们需要忍受每年长达六个月的寒冬。每到冬季，漫山遍野的积雪隔绝了汝拉山谷和外界的联系，恶劣的自然条件，使汝拉山居民不能依靠传统的农耕满足生活所需，他们在手工业上另辟蹊径，冶金和机械制造成为他们的生存技能。而大批迁徙而来的法国工匠，又带来了更为先进的工艺技术。这样，瑞士超越英法，成为世界制表中心。

钟表界曾经有这样一个说法，世界钟表业的历史看日内瓦，日内瓦钟表业的历史看汝拉山谷，而汝拉山谷的历史，我们看积家。

积家品牌的创始人安东尼·勒考特（Antonie Lecoultre）的先祖自 16 世纪开始，便成了汝拉山谷的居民。勒考特家族在日内瓦的第一位先祖是一位文人，叫作皮埃尔·勒考特。尽管是一位文人，他却充满冒险精神，辛苦存下来的一点积蓄，无时无刻不在提醒他如何更好地在瑞士生存下去。1558 年，皮埃尔·勒考特获得了日内瓦居民身份，之后一个念头在皮埃尔·勒考特脑海中形成了，那就是为自己的家族寻找一块可以世代居住的地方。然而瑞士多山，平缓的土地早已被当地居民占领，历经多次考察，皮埃尔·勒考特只得在汝拉山谷买下了一块土地。他的移民身份遭到了不少抵制，无奈之下，只好在签订地契时，做出承诺，要对这块土地进行开发。经过勒考特家族两代人的努力，在这块土地上修建了第一个教堂，一个人口稠密的小镇初见雏形。

勒考特家族在这个小镇延续了十代人，这时候一个改变家族命运的人诞生了，他就是积家表厂的创办人安东尼·勒考特。安东尼·勒考特从小就对手工技艺痴迷，家传的打铁铺成为他最喜爱的玩耍之处。在他看来，那些神奇的打铁技艺远远胜过小孩子无聊的游戏。他充满创造的激情，不久便参与到父亲研发新合金的工作中来，经过无数次失败，终于找到一种合金材质，能把八音盒震动簧片的音质变得更加悦耳动听。不久，安东尼·勒考特已经不满足于单纯研制合金材料，他把眼光投向了更为复杂的钟表制作工艺。

颇具天赋的安东尼·勒考特经过持续专注的努力，研发出一种能够车削钟表齿轮的机具。机械计时最核心的配件就是齿轮，它不但考验制表匠的手艺，更对精度有着极大的影响。一个个小巧轻薄的齿轮通过这台机具源源不断地生产出来。安东尼·勒考特不但让齿轮变得更为小巧，而且生产效率也大大提高了。慕名而来的客户看着这个神奇的机具，不禁感慨这简直是跨时代的产物。

车削钟表齿轮机具的发明给安东尼·勒考特带来了极大的信心，于是他准备更进一步，创立一个钟表品牌。安东尼·勒考特制造的齿轮质量优良，受到很多客户的欢迎，在钟表界开始小有名气。但是当人们听说安东尼·勒考特准备自己制造钟表时，还是觉得这个年轻人太异想天开了，从生产简单的机械配件到制造钟表，中间还有很远的距离，机芯就是一道很难跨越的技术难关。

而勒考特家族勇于冒险的基因，从当时他们移居瑞士的第一代先祖力排众议，在汝拉山谷立足，就可见一斑。安东尼·勒考特对这些质疑根本不在意，他首先寻求了父亲的支持。经过几代人的积累，勒考特家族已在当地声名赫赫，而且有了不菲的积蓄，父亲愿意全力支持安东尼·勒考特，并承诺投入资金。

在 1833 年，安东尼·勒考特终于如愿以偿，积家这个今后驰名全世界的钟表品牌诞生于汝拉山谷的小镇上。安东尼·勒考特本身就是一个优秀的工匠，他深知制造钟表仅凭一腔热情是不够的，他要学习如何独立制作机芯。由于年代久远，又缺乏相关的资料记载，我们已经无法详细知道安东尼·勒考特究竟付出了多少的汗水和努力才实现了从一个优秀的冶金工匠到一个优秀制表工匠的飞跃。他甚至为了提升钟表的配件精度，专门研发了一种微米测量仪。在遥远的 1844 年，这种高精度测量仪器的发明对高端机械制造的影响是巨大的。

世人都知道瑞士如今是高端钟表制造业的核心地区，但是未必知道安东尼·勒考特为此做出的贡献。在 19 世纪的瑞士，传统的制表作坊遍地皆是，优秀的制表匠们在自己的制表作坊里埋头工作，相互之间缺乏交流。安东尼·勒考特看到这种情况，和儿子商量以后做出了一个决定，他们要把制表匠们会集起来，在同一个地方生产和研发，交流技术，开发新工艺。这一举措，受到了工匠们的纷纷响应，数百位优秀的制表匠聚集在一起，交流心得，优势互补。凌乱的小作坊变成了专业的钟表厂，这也是汝拉山谷的首家专业制表厂，创造了数十项新发明，研发出数百项专利技术。他们集思广益，第一次尝试用半机械的方式生产机芯，大大提高了效率。

据相关资料记载，20 年后，在钟表厂中任职的专业制表匠，已达到 500 人，被汝拉山谷居民冠以"汝拉山谷大工坊"的称号。到 1900 年，表厂大约推出了 350 款不同性能的机芯，这其中还包括一些具有复杂功能的机芯。1890 年，具有万年历、计时秒表及三问表功能的时计已经被制造出来。

表厂的第三代掌门人雅克-大卫·勒考特（Jacques-David Lecoultre）接掌家族钟表事业后，不负众望地将积家品牌推向了世界。1903 年，雅各-大卫·勒考特与来自巴黎的优秀法国海军专属钟表师埃德蒙·耶格尔（Edmond Jaeger）合作，成立了今天的积家表厂。

说起二人的合作，还有一段"不打不成交"故事。进入 20 世纪，瑞士已经发展成为世界钟表业的中心，这里拥有最优秀的制表匠和最高端的制表技术。来自巴黎的骄傲的法国海军专属钟表师埃德蒙·耶格

积 家

JAEGER-LECOULTRE

以 "芯" 传世，以艺取胜

尔宣称自己掌握了独家的超薄机芯设计和制造技术，要看看瑞士钟表业能否制造出与之相匹配的钟表。这种近似挑衅的举动，在瑞士钟表业引起了一片哗然，当埃德蒙·耶格尔展示了自己得意的超薄机芯后，前来"应战"的人都打了退堂鼓，没有信心使用这样的超薄机芯。只有雅克-大卫·勒考特宣称，要为瑞士制表业捍卫尊严。

这时，故事的剧情发生了戏剧性的逆转，雅克-大卫·勒考特和埃德蒙·耶格尔这两位优秀的制表匠，整天泡在一起研究技术，竟然发展出了一段惺惺相惜的友谊。当他们合作为这款超薄机芯研发钟表的工作告一段落后，二人在工作上已经形成了高度的默契，宣布成立新的制表品牌——积家（Jaeger-Lecoultre）。此后积家在埃德蒙·耶格尔最擅长的超薄机芯领域展开了一系列的研发，打造出超薄系列表款，最为著名的一款，配备了厚度仅有 1.38 毫米的勒考特 145 型机芯。

在 20 世纪初期的相当一段时间，怀表是计时的主流。而腕表更多的是作为配饰存在的。造型精美，轻薄小巧，更适合女士佩戴。积家的两位创始人敏感地察觉到了市场的发展趋势，虽然当时怀表是时计的主流，但是没有腕表佩戴起来方便，于是两人决定把研发的重心转移到腕表上来。相较于女士腕表，男士腕表对防震和防水等复杂功能有更多的要求，而如何在小巧轻薄的腕表上面搭载这些复杂的功能，成为最大的技术难关。经过两人的潜心研发，成功制造出拥有复杂功能的男士腕表，腕表也逐渐取代怀表，成为计时的主流。

古老工艺的守护者

　　作为瑞士高级钟表制造商，积家的每一枚腕表都十分珍贵，风格
独特、技术高超，极具收藏价值。积家制表师们终日沉浸在时间的方
寸之间，将技艺和梦想一代一代不断传承。

　　在很多人看来，表壳制造是整个钟表生产流程技术含量最低的一
环，而积家的表壳，不但有独特的美学设计，而且制作过程相当精细。
为了让不同材质的表壳都具有光亮如新的美学效果，积家有自己的标
准——镜面抛光。积家的表壳制作车间，光线晦暗，在每一位制表匠
的工作台上，都摆放着明亮的白光灯，制表匠在这样的环境中，悉心
找出每一只表壳的细小瑕疵，力求达到镜面抛光的严苛标准。

　　积家的制表匠坚信，精美的艺术杰作，往往取决于细节。积家开
创了一系列精细的机芯制作工艺。其中镂空机芯是积家的独特标志，
由于工艺的复杂性，这款机芯的产量十分有限。积家的制表匠在这款
机芯中发挥了无穷的想象力，真正实现了美学和精密技艺的完美融
合，制作精度达到 0.01 毫米级。雕刻师必须以蜡块为支撑，首先在细
小的机芯上雕刻出大致的细线条，以此来划分雕刻区域。之后雕刻更
粗的线条，每一个动作都必须小心翼翼，不能把线条刻得太深，以免
穿透轻薄的金属材质。雕刻完成以后，这些精巧的部件进行一系列的
组装，成为一个完美的镂空机芯。

积家
JAEGER-LECOULTRE

以"芯"传世，以艺取胜

　　积家的制表工厂简直就是一座钟表博物馆，这里存放着约 6000 件模具，这些模具不仅呈现出积家的工艺进化史，而且还承担着对老式表款进行修复的功能。积家还是制表界极少数拥有真正的冶金工坊的制表工厂，积家相信只有掌控制表的每一个环节，才能制作出最完美的钟表。冶金工坊不但能为钟表提供合适的材料，而且能使它们获得满意的使用寿命。为了完美实现积家的制表工艺，冶金工坊创新了一系列冶金工艺，通过淬火、回火和退火三项热处理技术让钟表部件永葆光彩。

　　在客户看来，积家表是完美的代名词，这其中凝结了无数制表师们的付出。在每一只表面世之前，必须通过积家内部长达一千小时的各种复杂功能的测试。积家的一系列的测试标准，甚至比瑞士官方天文台所制定的标准更为严格。在通常情况下，瑞士官方天文台检测的是未装壳的非复杂功能机芯，而积家表厂则对实际使用环境进行模拟，甚至包括极端的自然环境，对腕表成品进行测试。这就是积家的传统，虽然制表工艺的发展，让工序更加繁复，但积家从来不会放松对质量的管控，对每个细节都不会掉以轻心。

珐琅微绘、雕刻与珠宝镶嵌

　　珐琅微绘这门古老的艺术曾失传近百年，1994 年，积家表决心重新揭开这项神秘工艺的面纱。制表工匠们经过几年的潜心研究，终于在双面翻转腕表上首次完美再现了这项技术。

由于传统工艺早已失传，积家的制表匠们另辟蹊径，为了防止金属在烧制过程中产生不可逆转的变形，珐琅师首先将表盘背面或表壳底面均匀地涂布一层磁粉，然后才开始绘画。先采用一层白色珐琅釉作为底色，以这层珐琅为基础，再添加绘画必需的金属氧化物颜料，当时即可呈现出绚丽的色彩。然后使用鹅毛笔这个古老的绘图工具在金属上进行绘制，再送入炉中进行反复焙烧，直到形成达到标准的细腻色泽。这里，如何绘制精准的线条成为关键，误差不得超过 0.2 毫米。经过二十多年的发展。积家的珐琅师已经掌握了所有珐琅工艺的传统技术：烈焰珐琅、珐琅镂雕、半透明和掐丝珐琅。在美学方面，积家珐琅工艺达到了新的高度，如果将珐琅微绘略微倾斜，在光源下会呈现出与丰富的色彩变化，视觉效果令人赞叹。

除了珐琅微绘，雕刻也是积家制表工艺中很重要的一部分。

积家以手工雕刻闻名于世，工匠们使用最传统的雕刻工具来进行艺术创作。在一本雕刻手册中有这样一句话："手到之处，图案自然呈现，唯有至此，方能尽善尽美。"雕刻师要使用各种凿子。他们亲自用砂岩轮、砂轮和油石打磨凿子，正所谓"工欲善其事，必先利其器"。雕刻师们能在黄金、精钢或铂金上进行雕刻，他们先在材质上画出素描图，再用锋利的刀尖雕出图案。之后，再用凿子轻轻敲打，让图案精致完美。

积 家

以 "芯" 传世, 以艺取胜

提到镶嵌工艺, 我们不难想到珠宝。实际上, 镶嵌工艺是个庞大复杂的体系, 而宝石镶嵌只是其中很小的一部分。如今, 顶级腕表走上了复兴传统工艺之路, 利用镶嵌工艺, 将曾闪耀在各个时期的绚丽艺术再次呈现给人们——羽毛、花瓣、金珠、马赛克、木质……琳琅满目的材质可供选择。

积家的设计师发挥着非凡的想象力, 在重视传统的基础上, 发明了独特的 "雪花镶嵌法"。

所谓 "雪花镶嵌", 由镶嵌大师阿莱恩·柯彻霍夫 (Alain Kirchhof) 领衔的技术团队研发的雪花镶嵌法, 最早应用在积家的腕表制作中。拥有 40 年珠宝镶嵌经验的柯彻霍夫在艺术创作中一直秉承一个理念, "向高难度挑战是镶嵌艺术的最终目的, 否则, 技法只是技法。" 雪花镶嵌, 首先需要在顶级 VVS1 美钻钻坯中选出符合工艺要求的钻石, 然后切割打磨至和表壳厚度差不多的尺寸。镶嵌师可以自由发挥自己的创造力, 根据需要镶嵌图案, 困难之处在于要把这些钻石非常密实地相互填补空隙, 还要让这些大小高矮不一的钻石在镶嵌完成之后, 都保持在同一平面上, 这需要非常精确的计算和完全的手工操作, 制作周期很长, 但每一件成品因为钻石的排列不同, 都是独一无二的。使用雪花镶嵌的腕表, 触感柔滑, 呈现出像雪花自然覆盖一样的独特美感, 由此得名。积家推出的涅瓦河表是雪花镶嵌的代表作品之一, 镶嵌师将超过 640 颗全切割的钻石 (尺寸从 0.5mm 到 1.6mm 不等, 总重量超过 2.5 克拉), 运用雪花镶嵌技术在表壳和表扣上勾勒出涅瓦河的图案，蜿蜒流动，散发出冷冽的西伯利亚长河的光芒。

"置石镶嵌" 则是积家镶嵌师们又一项技术创新，它能够以最自然的手法将钻石全面覆盖在表壳上，更利于呈现出钻石的晶莹光泽。为了便于钻石紧密排列，一般采用长方形、阶梯形等规则的切割形状。在高超的镶嵌技术下，可以实现底盘完全隐藏在钻石之下的观感效果。据说这项工艺甚至可以达到毫无瑕疵，在外观上不留一丝镶嵌的痕迹。积家的 "大师" 系列腕表，就是将钻石进行阶梯形切割，进行置石镶嵌的，呈现出奢华的美感。

优雅与细腻的完美呈现

如何令机械结构尽善尽美，如何获得消费者的情感回应，满足客户期待，如何激起人们的购买欲望……这些都是积家制表师和工艺师们每天所面临的挑战。他们各司其职，各显其能，齐心协力，共同谱写着华美的乐章。珠宝师、珐琅工艺师、雕花工艺师、镌刻工艺师和制表师皆身怀 "点石成金" 的绝技，打造出一件件美轮美奂的时计珍品。

提到积家，不得不提它最经典的产品系列——双面翻转腕表。20世纪初，积家通过技术革新把一系列的复杂功能成功搭载于男士腕表上，一举奠定了腕表的主流地位。但是积家也面临一个技术难题，在野外或者剧烈运动时，难免会对腕表造成损伤。积家制表大师另辟蹊径，研发出了一款表壳可以旋转的腕表。他们把表壳镶嵌在一个实心的支架上，佩戴者可以通过旋转，把表面翻转到贴近手臂的位置，以达到保护表面的目的。

当然，细致入微的积家制表师们也不会放过表壳的背面，他们推出了定制服务，既可以雕刻客户指定的文字，也可以雕刻精美的图案。这款腕表更加令人称道的独特之处在于，它首次采用了将两枚机芯容于一枚腕表的设计，即使翻转表面后，在表壳的背面依然可以读取时间。

双面腕表系列自然也少不了珐琅雕刻的光彩。虽然在翻转后，露出的是表壳背面，但是精美的珐琅图绘同样需要保护。珐琅师在画作表面覆盖了助溶剂，就等于为珐琅图绘加了一个保护层，这个保护层由多层薄透明珐琅组成，层层珐琅的叠加效果，呈现出非凡的艺术美感。

近两个世纪过去了，积家品牌日益茁壮，已成为世界上规模最大的钟表厂之一，钟表厂的技艺分工多达40种，并辅助运用20种尖端科技。多年的积累，让积家成为世界上拥有最多钟表工艺遗产的表厂之一，有为数众多的钟表制作专利及发明。它的每件作品都传承了积家近两个世纪的悠久传统，传统工艺和先进技术在这里相辅相成，熠熠生辉。

积 家
JAEGER-LECOULTRE

以"芯"传世，以艺取胜

16

百达翡丽
PATEK PHILIPPE

：

钟表界的"蓝血贵族"

品牌创始人：

安东尼·诺伯特·百达和让-阿德里安·翡丽

品牌诞生地：

瑞士日内瓦

品牌总部：

瑞士日内瓦

品牌历史：

1839年5月1日，安东尼·诺伯特·百达和弗朗西斯·查皮克在日内瓦共同成立了"百达-查皮克"制表公司。1851年，让-阿德里安·翡丽先生正式加入公司，公司更名为"Patek Philippe"（中译名"百达翡丽"）。1999年，一块百达翡丽怀表在美国拍卖出了1100万美元的天价，是迄今为止"世上最贵的表"。逾百年来，百达翡丽一直信奉精品哲学，遵守重质不重量、细工慢活的生产原则，奉行限量生产，每年的产量只有5万只。作为日内瓦仅存的一家独立制表商，百达翡丽在设计、生产，直至装配的整个过程中享有全面的创新自由，拥有80余项技术专利。

历代掌门人：

1839年5月1日，安东尼·诺伯特·百达和弗朗西斯·查皮克在日内瓦共同成立了"百达-查皮克"公司；1851年，让-阿德里安·翡丽先生正式加入公司，公司更名，由安东尼·诺伯特·百达和让-阿德里安·翡丽两人共同掌管；1932年，斯登兄弟两位创始人的后人手中收购了百达翡丽，其后一直由斯登家族掌管；翡丽·斯登在父辈老去后，接管了公司；2009年，百达翡丽的接力棒传到了泰瑞·斯登手中。

当"百达"遇到"翡丽"

百达翡丽的创始人安东尼·诺伯特·百达（Antoine Norbert de Patek）出生于波兰的一个村庄，16岁应征入伍，作为波兰骑兵的一员参加了反抗俄国入侵波兰的战斗，后又于1830年参加起义。起义失败，波兰最终为俄国所占领，成为俄国的一个省。随后，当局便发动了疯狂的镇压行动，每一个起义者都面临着被逮捕坐牢或被处死的危险。

百达于是开始了流亡国外的生活。他首先流亡到了法国，通过熟人介绍，找到了一份印刷工的工作，但他并未在法国过多停留。一番筹划以后，百达最终选择了日内瓦作为自己的定居之地。

生活安定下来以后，百达开始思考今后的发展问题。他尝试过很多行业，甚至曾短暂学习过绘画，然而他在绘画方面的才华并不出众。

当时正值19世纪，瑞士已经拥有一大批手艺精湛的制表匠。在鳞次栉比的制表作坊里，制表匠们力求做出最完美的手工表。这也引起了百达的兴趣，不过，他并不擅长制表工艺，只能从简单的装配业务开始做起。但他尤其重视原材料的品质——购买优质的机芯，再选择精美的表壳进行装配。

日内瓦聚集了众多优秀的制表匠，每个制表匠心中都有一块完美的手工表，拥有一家自己的制表作坊是制表匠们孜孜不倦追求的梦

百达翡丽
PATEK PHILIPPE

钟表界的"蓝血贵族"

想。捷克裔的波兰制表师弗朗西斯·查皮克（Franciszek Czapek）也有这样一个梦想，到 1838 年，他向自己的梦想迈近了一步——在瑞士日内瓦的一间普通厂房里，独立制作出了一块手工表。之后，弗朗西斯·查皮克开始尝试创建自己的制表作坊，然而仅靠自己微薄的制表工匠的收入远远没办法达到资金投入的要求。

弗朗西斯·查皮克独立制作的手工表吸引了众多亲朋好友前来观摩。同是波兰移民的百达也慕名而来，作为一个商人，他敏感地发现了弗朗西斯·查皮克的心事，一番交谈之后，得知查皮克是为了筹建制表作坊的事情犯愁。其实百达一直对弗朗西斯·查皮克精湛的手艺倾心不已，早就有合作的念头，看到这块独立制作的手工表，更加坚定了他合作的信心。

1839 年 5 月 1 日，安东尼·诺伯特·百达和弗朗西斯·查皮克在日内瓦共同成立了"Patek，Czapek & Ciez"公司，这就是百达翡丽的雏形。作为一个商人，百达一直保持着商业敏感性。1843 年，商业上已经小有成就的他终于成为瑞士公民，这为他开展公司业务提供了便利。百达为拓展业务而多次出游，走遍了欧洲和美国，挖掘商机。

或许百达不曾想到，一次在巴黎参加展览会的经历，改变了他的商业命运。他遇到了百达翡丽的另一位创始人——法国天才钟表匠让-阿德里安·翡丽（Jean-Adrien Philippe）。

让-阿德里安·翡丽（Jean-Adrien Philippe）1815 年出生于法国厄尔-卢瓦尔省拉巴佐克古埃市。父亲是一位优秀的制表匠，受家庭

百达翡丽

PATEK PHILIPPE

钟表界的"蓝血贵族"

熏陶，他幼年便对制表情有独钟，在父亲的指导下，开始逐步学习制表工艺。18 岁时，翡丽已经顺利出徒，能独立制表了。然而家乡已经无法满足他对完美制表工艺的追求。他开始游学，开阔眼界，先后在卢昂（1836）、勒阿弗尔（1836）和伦敦（1837-1839）工作，1839 年，他来到了巴黎。

在翡丽看来，机芯是一块手工表的灵魂，他开始对机芯进行技术上的革新。两年后，又在制表工艺上取得了重大突破，研究出了利用挂表表冠进行上弦和时间设定的装置。在当时，手工表上弦必须通过一把特定的钥匙，然而这把钥匙属于手工表的外部配件，如何存放是个大问题，经常有人把它弄丢，而且钥匙坚硬的材质，一不小心就会损伤表盘。翡丽创造性地把它设计在表冠上，不会弄丢，而且更方便。这种装置的效果远远好于以往任何柄轴上弦系统，而且完全有别于之前的系统，与腕表日益变薄的流行趋势，更是相得益彰。

翡丽认为自己已经抓住了行业发展的趋势，毫不犹豫地倾尽所有投入到这种柄轴上弦和时间设定装置的研发上，企图实现自己的商业梦想。然而事实是残酷的，虽然他携带发明成品参加了 1844 年的法国工业产品展，并获得铜奖，但在商业上并没有取得突破，他陷入了生活上的困顿。

当时，这个发明在行业内引起了不小的轰动，有人在默默关注着翡丽的动向。百达就是其中一位，他见到了这位年轻的天才制表师的发明，借着参加法国展览的机会，和翡丽进行了一次愉快的交谈，并盛情邀请他与自己合作。

但翡丽从来没有离开过法国，并坚信自己的发明一定会在巴黎取得成功，对百达的盛情邀请始终犹豫不决。但是，翡丽坚持了几年，精致的时计作品始终乏人欣赏，他才动了离开巴黎的念头。他在离开法国前，为自己的发明申请了专利：一种以柄轴上弦和设定时间的时计系统；一种可能用于所有普通时计、腕表和航海钟表、甚至独立秒针时计的装置。

这时，虽然"百达·查皮克"公司的业务蒸蒸日上，但两位创始人渐渐在经营上有了分歧，最终分道扬镳。弗朗西斯·查皮克做出了离开公司的决定，自立门户。百达开始独自执掌公司，公司名称也变更为"百达"。此时，百达又想起他颇为欣赏的翡丽先生，再次极力劝说他与自己合作。然而好事终须多磨，直到1851年，翡丽先生才决定正式加入公司，公司因此更名为"Patek Philippe & Cie"（中译名为"百达翡丽"）。至此，百达翡丽这个品牌正式确立，开始了风靡一个半世纪的传奇。

真正的独立制表商

当岁月轮转，大浪淘沙，无数的制表品牌或者衰落，或者被商业化得一塌糊涂，百达翡丽作为日内瓦仅存的真正的独立制表商，始终保持整个环节的独立生产，享有全面的创新自由。

虽然翡丽先生的加入使公司如虎添翼，在工艺方面取得了一系列的重大突破和荣誉。但在 1929 年的经济危机中，拥有近百年工艺积累的百达翡丽，步履维艰。萧条的市场，日益高昂的成本，使公司运转陷入困境。相濡以沫，不如相忘于江湖，或许放手也是一种不错的选择。

1932 年，对于百达翡丽来说，是极为重要的一年。在日内瓦拥有一家高档表盘制造厂的查尔斯·斯登（Charles Stern）和让·斯登（Jean Stern）两兄弟也受到了经济危机的影响，公司经营极其艰难。据百达翡丽现任总裁泰瑞·斯登（Thierry Stern）说，根据父亲的回忆，那是个艰难的年代，斯登兄弟每星期不得不考虑熔掉哪只黄金表壳，从而支付制表匠的工资。两人早已不满足于只做表盘的经营模式，为了赚取更高的利润，一直期待全产业链的扩张。由于公司本身是做高档表盘业务的，两人希望收购的公司与自身业务发展相匹配，寻求一家符合要求的公司并不是那么容易，二人将目光投向了有一些业务往来的合作商，百达翡丽就是其中之一。经过几番洽谈，斯登兄弟收购了百达翡丽。"百达翡丽"这个名字一直沿用至今，已在这个家族企业中传承了三代人。

百达翡丽现任总裁泰瑞·斯登曾在接受媒体采访时表示："如果光是为了钱的话，我现在甩手不干也可以活得非常舒适，但我的满腔热情就是为了生产出高品质的表。而且通过独立的家族运作能够将品牌的命运紧紧地攥在自己的手里，而不是被攥在股东的手里。"

很多年以后他仍然清晰地记得那个阳光明媚的下午，6岁的小泰瑞无意中打开了父亲办公室的抽屉，那块珐琅怀表，安静地躺在那里，泛着圣洁的光辉。这一刻，仿佛全世界都随着那若有若无的指针转动的声音一起流淌。小泰瑞惊呆了，一股神圣的使命感涌上心头，他无法阻挡地喜爱上了制表行业。"父亲从未对我说一定要进入这个行业，我只是发自内心地喜爱，一直打定主意进入这个行业。"泰瑞·斯登这样告诉记者。

然而作为百达翡丽法律意义上的继承人，泰瑞·斯登进入公司以后并没有什么特权，仍然要从一个学徒干起。他先是在完成日内瓦商业学院以及制表学院的速成班学习后，掌握了一些制表的基础工艺。之后便接到了为百达翡丽开拓新市场的任务，在德国，他与百达翡丽两大零售商共度了两年时间，亲自接触销售领域，并近距离体验销售流程和战略。年轻的泰瑞·斯登离开德国后便前往美国的百达翡丽公司供职两年，并拜访了这个大市场中所有的零售商。

待回到公司总部，泰瑞·斯登已经熟悉了公司零售领域的一切业务。他还是一个勇于做出改变的人，开始尝试将新技术用于生产，尤其是用电脑控制机械设备。从进入公司到掌管公司，他用了十余年时间进行准备，10年，也是百达翡丽培养一名制表师的时间。

百达翡丽

PATEK PHILIPPE

钟表界的"蓝血贵族"

女王的腕表

在欧洲，人们对贵族有一个独特的称呼——蓝血，这个称呼来自西班牙王室。那时，古老的卡斯蒂利亚贵族为了证明自己血统的高贵、纯正，常常挽起袖管，向众人展示自己因皮肤雪白而更显清晰的蓝色静脉血管，"蓝血贵族"因此得名。

有人说，百达翡丽正是腕表中的"蓝色贵族"，正如广告中这样宣称："没有人可以拥有百达翡丽，只不过为下一代保管而已。"

百达翡丽似乎和西班牙有着一种奇妙的缘分，正如"蓝血贵族"这个称呼源于西班牙，其独特的"卡拉特拉瓦十字星"标志也源于一个西班牙历史故事。1185 年，一个叫卡拉特拉瓦的城市受到摩尔人的侵略，勇敢的牧师雷蒙德和骑士迪哥·贝拉斯凯斯组织民众进行艰苦的抗争，并最终取得胜利。"卡拉特拉瓦十字星"是由骑士的剑和牧师的十字星组合而成。十字星与剑合在一起便成为庄严与勇敢的象征。百达翡丽的创始人觉得这个十字架所象征的意义非常契合公司的合作精神，所以他们在 1875 年开始以"卡拉特拉瓦十字星"作为百达翡丽的品牌标志。

当年的百达翡丽并非如今天这般璀璨夺目。独特的设计、精美的工艺也仅仅是在小范围内稍有名气，虽然做了一些品牌推广，效果却不令人满意，它悄然积累，等着一飞冲天的那一刻。

227

百达翡丽

PATEK PHILIPPE

钟表界的"蓝血贵族"

维多利亚女王，在位长达 64 年，在位期间，英国的国力、军力、经济都取得了突飞猛进的发展，这一时期英国迅速向外扩张，建立了庞大的殖民地，成为"日不落帝国"。由于生育众多，加上欧洲各个王室之间的联姻，维多利亚甚至成为整个欧洲王室的祖母。

1851 年，伦敦世界博览会举行，维多利亚女王夫妇携手盛装出席。女王看到百达翡丽的一块使用了新旋柄的袋表悬垂在一根镶有 13 颗钻石的 18K 金别针上，珐琅蓝金表盖上饰以钻石拼成的玫瑰表带，爱不释手，欣然买下。而女王的丈夫阿尔伯特亲王则对一块百达翡丽猎表情有独钟，也欣然收入囊中。女王购买百达翡丽的消息传开后，在欧洲贵族圈掀起了一阵波澜，大家趋之若鹜，争相一睹百达翡丽的风采。百达翡丽的名气一飞冲天，捕获了挑剔的欧洲贵族们的芳心，"蓝血贵族"的称号逐渐传播开来。大批欧洲王室，如教皇庇护九世、教皇利奥十三世，丹麦国王克里斯蒂安和王后、意大利国王埃马努尔三世等，都是百达翡丽的热衷者。

从来没有无缘无故的爱，百达翡丽正是凭借其非凡的工艺美学，百余年魅力不减。俄罗斯总统普京，拥有两块百达翡丽，分别佩戴着它们出现在公共场合。好莱坞巨星布拉德·皮特与安吉丽娜·茱莉订婚时，曾为订婚礼物而苦恼。在皮特心中，这件礼物不但要与众不同，更要是一件永恒的艺术品，这样才能表达自己对茱莉的爱。为此，皮特特意拜访了斯登家族，充分说明了来意以后，斯登家族表示愿意帮助皮特完成这个心愿。

百达翡丽耗时两个月之久，制作出了一枚腕表。手工打造，以黄金为材质，表盘为珍珠母贝，它甚至可以模仿英国大笨钟报时的声音。皮特非常满意，并将之作为订婚礼物送给了茱莉。

科学与艺术的完美结合

如何精确地记录时间，一直是人类探索的课题。进入机械时代，精确记录时间已经发展到了科学的高度，同时也是无数制表人孜孜不倦的追求。如果说制表是一门科学的话，那么百达翡丽已经把它变成了艺术。

两位创始人一个是有绘画基础的天才商人，一个是手艺精湛的制表匠——百达翡丽从创立起，就埋下了这颗工匠精神的种子。翡丽先生的加入，更是为公司插上了飞翔的翅膀。直到以制作高档表盘起家的斯登兄弟收购公司，百达翡丽的工匠精神发展到了巅峰。

百达翡丽作为日内瓦仅存的唯一一家独立制表商，有着对匠心和艺术的执着追求。世人曾如此评价，百达翡丽的每一块表都是一件艺术品，每一位制表工匠都是一位独立的工艺大师，每一个环节都是在进行着艺术创作。

百达翡丽对昂贵的制作材料十分偏爱。进入 20 世纪，才逐渐在一些基本款中采用全钢的表壳。

百达翡丽在 1839 年初创时，仅仅雇用了 6 名制表匠，每年出产两百余块怀表，其中大多已经淹没在历史的长河中，在现世仅存的几块身上，我们依然能感受到早期怀表的精湛工艺美学。

后来，翡丽尝试将机械化引入生产，凭借那个时代最先进的工艺，百达翡丽制作出了第一块可以打出时、刻、分的三问式怀表。不久，百达翡丽又成功研发出了万年历机械装置，该装置无须因不同月份长短和闰年变化而对月历显示进行手动调整，这在当时简直是超越时代的产品。

斯登兄弟着力于制表工艺的发展，并为百达翡丽制定了一套严格统一的制表工艺的标准，以确保每一块烙印着百达翡丽标志的表均经过最严格的考察。

在这个世界上，很多事情正在变得愈来愈快，但百达翡丽却没有被时间驱赶。10 年，可以做很多事情，然而在百达翡丽，只是培养一名制表师的时间。每一块百达翡丽表，都是在这些制表匠手中，一个部件一个部件地制作，一点一点地成型。在百达翡丽，一款简单的表型制作出来就需要长达 9 个月的时间，更不要说那些复杂腕表，全手工制作，制作周期甚至需要 2~3 年的时间。百达翡丽秉承精品哲学，把每一块表从冰冷的材料变成一件艺术品就是他们的使命。

1977 年，斯登家族的第三代翡丽·斯登（Philippe Stern）成为百达翡丽公司的掌管者。科学技术的突飞猛进，让无数传统技艺消失在历史的长河中。而制表工艺，也正在经历着一场变革，石英表的出现给传统制表工艺带来了致命的一击。翡丽·斯登肩负重任，终日思考如何在科学技术的发展和传统制表工艺之间达到完美的平衡。他坚信，钟表不仅仅是一个记录时间的工具，复杂功能才是制表业中的顶级工艺。在他的主持下，历时9年研发出了的"Caliber 89"，拥有33项复杂功能，1728个零件，每一个数据都在刷新着行业的纪录。一个革新者，从来不会停下自己前进的脚步。百达翡丽紧接着又研发出更为复杂的腕表，如双面设计、夜空图、恒星时间带"教堂钟音"的三问报时等。曾有人如此评价，百达翡丽的企业发展史本身就是一部科技创新史。

对于一个有梦想的人来说，总是因为看到远方的自己，而不会迷失；而对于一个有梦想的企业来说，总是因为从不停止前进的步伐，方能赢得客户的心。百达翡丽的作品，制表从来都是科学与艺术、精确与复杂的完美结合。

17

IWC

SCHAFFHAUSEN

Since 1868

万 国
IWC

：

挑 战 极 限 的 冒 险 家

创始人：

佛罗伦汀·阿里奥斯托·琼斯

品牌发源地：

瑞士沙夫豪森

品牌总部：

瑞士沙夫豪森

品牌历史：

万国表创立于1868年，创办人是美国波士顿的工程师佛罗伦汀·阿里奥斯托·琼斯。此后，IWC公司出品的怀表风靡19世纪末至20世纪初的钟表市场。1880年，约翰尼斯·劳辛巴赫-弗格收购了万国表，并传承了IWC精确、可靠、永固的制表文化。历经四代传承，万国表逐渐成为欧洲乃至世界钟表制造业的经典范本。21世纪初，万国表被沙夫豪森授予最高工艺信誉认证，年2009在美国精品协会发布的钟表品牌"精品排行指数"排序中居于首位。

历代掌门人：

1868年，佛罗伦汀·阿里奥斯托·琼斯创办了万国表品牌；1880年，约翰尼斯·劳辛巴赫-弗格收购了万国制表公司；1881年，约翰尼斯·劳申巴赫-申克在其父去世后接管了公司；1905年，约翰尼斯·劳申巴赫-申克的女婿厄恩斯特·雅各布·鸿伯格以继承人的身份接管万国表；1955年，汉斯·厄恩斯特·鸿伯格成为万国表的掌门人；1978年，阿道夫·施德林接管了万国表；2000年，万国表被历峰集团收购。

美国人创立的瑞士品牌

随便打开一个搜索引擎，搜索佛罗伦汀·阿里奥斯托·琼斯（Florentine A. Jones）的照片，可以看见一张略微模糊的黑白照，男主角嘴角略微下压，表情严肃，眼窝深邃，有两道深深的法令纹，穿着西装，打着带有波点元素的领带。这是一个相貌平平、不会引发更多猜测和遐想的普通西方面孔，他就是万国表的创始人。

1861 年到 1865 年，是美国的南北战争时期，年轻男子纷纷应征入伍，有历史学家估计，当时 20~45 岁北方男性的 10%，18~40 岁南方白人男性的 30% 在战争中死亡。1868 年，年仅 27 岁的琼斯已成为波士顿一家行业领先的制表公司的经理，如果琼斯是一个安于现状的人，那么万国表的故事就不会开始。

当时美国进入战后重建时期，大多数的美国人投身于西部开发和工业发展的大潮中，琼斯没有继续安坐在稳定而高薪的位置上，而是做出了异于众人的选择——去往瑞士。但琼斯并不是一个为了与众不同而与众不同的人，他选择瑞士是基于他对制表行业精准的调查和了解之后的成熟计划。1868 年的瑞士，正处于低薪经济时代，低廉的人工成本加上瑞士传统出色的制表技术，对于琼斯来说是一个绝好的机会，他计划把美国先进的技术带到瑞士，用机械取代部分人工，为美国市场制造出品质非凡而又成本较低的怀表，这个点子在当时是一个前卫而大胆的想法，但是任何计划想要成功实施都需要天时、地利、人和。就在琼斯准备实施这个计划的时候，他才发现当时日内瓦地区以及瑞士西部偏远山谷中的制表工匠们似乎对他的宏伟计划持抗拒态度。

19 世纪的欧洲，充斥着宣扬自由主义的民主力量与支持中世纪社会秩序的保守派之间的对抗，琼斯想要合作的优秀制表工匠，都是一直在自己家里或小型工坊里工作的，对于他们来说，琼斯的突然造访意味着他们一直赖以谋生的技艺将发生颠覆性的变革。琼斯设想的现代化集中生产的工厂，仿佛是一个突然出现在小村庄里的钢铁巨人，扰乱了他们的生活，让他们因失去安全感而极度恐慌。

成功总是需要一点运气的，一个偶然的机会，琼斯结识了来自沙夫豪森的海因希里·莫泽。莫泽是一个制表匠，还是一个企业家，他在沙夫豪森利用莱茵河水建了一个水力发电站。当时的沙夫豪森已经拥有非常悠久的制表历史，从 1583 年开始有钟表匠同业工会，举世闻名的哈伯特制表家族亦出身此地。莫泽倾力投资的水电站虽然成本低廉，但由于当地多是小作坊，对动力的需求并不旺盛，发电站未能充分利用起来。琼斯听完他的故事，立即与莫泽达成了合作意向，即自己前往沙夫豪森投资一座现代化的表厂，莫泽负责说服当地人同意琼斯的建厂计划，而琼斯表厂所需的电力全部由莫泽的发电站提供。

莫泽为了给自己的发电站争取大客户，尽心尽力地开展了说服工作，但是依然遭遇了本地制表工匠的抵制，他们认为沙夫豪森本来就已经在与汝拉山谷的市场竞争中处于下风，如果再在当地建立一座现代化的制表工厂，便是雪上加霜。莫泽把说服失败的消息告诉了琼斯，琼斯不但没有气馁，反而认为找到了更好的契机，他立即让莫泽告诉那些制表工匠，他愿意出高额的工资雇用当地那些经营困难的制表工匠。这个提议非常奏效，有些已经陷入经营困境的制表工匠同意为琼斯的制表工厂工作。这样，琼斯不但得到了一批熟练的制表工匠，也得到了在沙夫豪森建立现代化制表工厂的许可。

琼斯立马动身前往沙夫豪森，1868 年，正式创办了万国表公司（International Watch Company，简称 IWC），他仍然锁定美国市场，力求制造高品质怀表。他开发的"琼斯"牌怀表机芯，大幅度提高了怀表的走时准确度和温度恒定水平，从而为 IWC 打出了牌子。同年，公司推出了上面刻有创始人名字的第一块怀表，从这时起，万国这个"高档钟表工程师"，开始站在小城沙夫豪森，毫不畏惧地放眼世界。

由于万国表的名气越来越响，1874 年，琼斯开始在莱茵河畔建造新的工场，当时有近 200 名员工，同时琼斯还建立了沿用至今的万国表总部，一切似乎都在朝着预期的方向超速发展，但是故事出现了曲折：美国政府并没有兑现战后降低 25% 关税的承诺。当时万国表锁定的目标市场是美国，所以降低 25% 关税的承诺，是琼斯商业计划中的重中之重，失去了政策的优惠之后，万国表的成本优势便没有了。

琼斯没有留在瑞士继续"战斗"，他回到了波士顿，把他亲手创办的公司留给了瑞士人。

看客们难免觉得遗憾，英雄披荆斩棘回国后续写传奇的热血剧情确实没有出现，故事是不是真的该结束了？如果这是琼斯的个人传记，那么此处留下一个他转身之后的落寞背影，也许可以暂且告一段落了。但是，作为万国表这个品牌的传记，取代那个落寞背影的，是约翰尼斯家族，这不是结局，而是另一个开始。

一个美国人在瑞士开制表公司，接着给这个公司取了一个毫无瑞士风情反而很美式的名字，选址在远离著名制表中心的田园小镇里建立工厂，最后又把自己精心建立的颇具规模的公司转手让人，万国表好像从一开始就成功避开了所有套路。

到现在，万国表已经5次易主了，严格意义上来说，如今这个公司似乎跟美国并没有多大瓜葛，但是为什么"美国人创立的瑞士品牌"这个标签对万国表的意义如此重大呢？"美国"在万国表这个品牌里，已经不再是一个具体的国家，而是一种美国式的精神，即使欧、美模式各有所长伯仲难分，尽管欧洲人和美国人经常在观念和方式上打嘴架，但是不得不承认，美国仍然在大家心中留下了一个相对于欧洲更加推崇个人表现与激烈竞争，更加热爱变革和创新的形象，灵活性更强的市场和经济模式总是能更快更好地适应经济全球化的发展趋势。万国表需要的正是这样一种正面积极的形象和勇于开拓的激情。

琼斯为万国表奠定的美式基调，是让其区别于众多瑞士品牌脱颖而出的关键，这个美国人走了以后，万国表的确不断"改朝换代"，但却从未"改弦更张"，而是以不变应万变。

传统与创新同生共舞

万国表的这个"不变"，就是一"创"一"破"的精神。

"以机械取代部分人工制造出更精确的零件，而后由一流的制表师装配成品质超凡的表"，琼斯当初这个大胆而新颖的构想，赋予了万国表一个一以贯之的文化基石，同时，也为它提供了"现代"与"传统"同生共舞的广阔天地。

1881 年，约翰尼斯·劳申巴赫－申克（Johannes Rauschenbach-Schenk）在父亲去世后接管了万国表公司，4 年之后，生产出首批采用波威柏系统以数字显示小时和分钟的怀表，这是波威柏（Pallweber）先生的专利，也是怀表自 16 世纪诞生以来第一次以数字这一新面目示人，简单的数字显示革新了人们认为表和指针密不可分的传统观念。

如果回到 19 世纪的西方，坐在一家露天咖啡厅里观察，就会看到胸前挂着直径 3 厘米左右的怀表的优雅女士，或者偶尔停下来，拿出装在西装马甲口袋里的精品怀表看时间的绅士，如果认真观察，还会发现他们别在第三个扣眼里的表链。设想此时你走在人群中，撸起袖子露出高级腕表，人们会向你投来似乎见到"天外来客"般的惊诧目光。

19世纪初期，怀表和腕表仍然带有性别的标签，怀表是男人世界里身份和地位的象征，而腕表最开始作为一种类似于手镯的装饰物，被认为只是女性的饰品。但是到了1885年，德国海军开始向瑞士的钟表商订制大量腕表，如果说怀表适合精细却略显挑剔的上流社会，那么腕表则是新型实用主义者的新宠。在不同的场合要用不同的东西，穿得体的衣服，说适当的话语，在那个一切朝着现代化和简约化发展的时代里，腕表的实用性逐渐获得世人的肯定是必然的。1889年，各地的大型制表厂都发现了这个新趋势，开始展开激烈的竞争，这是一个绝好的在创收的同时打响品牌名号的机会。万国表表现出众：我们所知的第一批腕表就是搭载着小型女装怀表机芯从沙夫豪森产出而投放市场的。

"建基于沙夫豪森，放眼全球"，向来不走寻常路的万国表，不可能只满足于生产畅销的精品腕表。我们不能定义"卓越"的标准，因为总有人立志在柴米油盐中悟出生活真谛，而也有人志在于诗和远方。平凡并非不优秀，而万国表，却不平凡，它最大的嗜好就是不断挑战，征服一个又一个巅峰。之后，万国表开始投身于满足特殊需求的特殊钟表，它为飞行员、为海军、为铁路公司、为潜水员以及为工程师制表，万国公司生产的表，不甘于只出现在普普通通的生活场景里，也不愿只流连于一场场高端的商务谈判，它必须是带着特殊使命而生的，以至于上天下地无所不能。万国表就像是一个痴迷于极限运动的冒险家，它在万米高空，在断崖深谷，在暗潮涌动的深海，在轰鸣回响的钢铁之路上。

万国表也因挑战不平凡而拥有了"创新思维发明家"的美誉，1978 年，万国表被德国仪器制造商阿道夫·施德林（Adolf Sterling）收购。此时的万国表已然如同它的名字一样，拥有瑞士人巧夺天工的传统工艺，拥有美式的开拓创新精神，同时又拥有了德国式的一丝不苟。

普通腕表采用的大都是精钢材质，大部分的品牌都有钢材质系列的腕表，很多人认为，腕表的材质非钢即金，这是一个误区。钛金属比精钢要轻，但是光滑明亮的色泽却丝毫不逊于精钢。它轻便耐用，不似精钢般笨重却也不似陶瓷般脆弱，相比于其他材质更胜一筹。在 1980 年，万国表生产了全球第一枚钛金属表壳的腕表，并且与法国宇航公司和其他几家科技公司开展技术交流，率先掌握了钛金属在加工领域的专业技术，并且在 1982 年将其运用到了水下，推出以钛金属打造的超坚固的"海洋 2000"潜水腕表，防水等级高达200 巴。

万国表的创新追求不仅仅是一个"新"字，还有一个"最"字。创造世界纪录好像是万国表发展的内在动力。1993 年，正值品牌诞生 125 周年之际，"沙夫豪森战驹"腕表问世，这是制表艺术的巅峰之作，当时能够制造它的钟表制造商屈指可数。为了同 125 周年相呼应，

万 国
IWC

挑战极限的冒险家

此表款只生产了限量版的 125 枚。这款腕表中同时配备了陀飞轮、追针计时、三问报时和万年历等多项复杂的功能，毫无悬念地成了当时世界上最精密复杂的机械腕表。万国表的决策者们非常清楚地知道如何生产并且营销让收藏家们趋之若鹜的顶级名表，因为"好的"总是"少的"。

即使"先进"是它行走江湖的名号，但毋庸置疑的是，任何创造和革新背后总要有"传统"作为基础和支撑。美国运至瑞士的钢铁机器，也许会让万国表在人们心中留下些许冰冷又机械的印象，但实际上机械化只是帮助公司生产出更精确无误的零件，而瑞士传统制表师们世世代代传承下来的工艺，仍然是万国表的立身之本。

"酒香不怕巷子深"是一句中国老话，但同样是好酒，会不会营销就显得尤为重要了。万国表的"先进"实至名归，因为和创新的腕表设计理念并存的，是它先进的营销手段。

20 世纪 80 年代，韩国、新加坡、台湾和香港发展成为"亚洲四小龙"，亚太地区经济发展强劲，万国表瞄准时机，将一部分战略重心转移到了亚太地区。在 1998 年于瑞士巴塞尔发布的新表款，居然首先在亚洲地区以电传视讯的方式亮相。到了 2012 年，万国表在 CNN 国际新闻网亚太频道播放了一系列精彩纷呈的电视宣传片，这是万国表首次在亚太地区进行的真正意义上的品牌推广。2016 年 3 月 30 日，万国表微信专卖店全新上线，"微信扫一扫，立即开启全新购物体验"。这个高端腕表品牌竟然选择了如此"平易近人"的方式进

242

一步打开充满巨大潜力的中国市场，可见万国表的灵活程度及其对飞速革新的市场的精准把控能力。

万国表从建立以来，就有龙袍加身的野心，它不仅要创立一个品牌，而且要给这个品牌构建一个气势恢宏的表业帝国。自 1868 年起，百余年来，万国所生产的每一块表都记录在出厂记录簿中，这是世界仅有的记录簿，里面记录了每一块表的编号材质、重量、制表师的姓名、完成日期、钟表商或购表人的姓名等详细的资料。同样是从 1868 年起，厂里所生产的重要备用零件至今仍然全部存放在高高的橱柜里，所以今天万国的制表师们甚至能够彻底大修最古老的表芯，让经典的老表复活。更让人惊叹的是，1993 年，万国表在已被列入历史建筑的总部顶楼设立了专用博物馆，现有超过 230 件展品，仿佛把过去一个多世纪的"时间"完整地收入其中。

与此同时，万国表还给它的顾客们创造出一种超现实的身份象征，在顾客买下一枚优质腕表的同时，还买下了这枚腕表的所有附加价值。古往今来，希望自己的名字被记入史册的人不计其数，而真正能够实现的又有多少？可是如果买下一枚万国表，你的名字，就将会同俄国沙皇、英国首相这样的历史名人同在一册，这恐怕比豪车美女更加具有诱惑力。万国表也是一件精致且可以传世的宝物。想到 100 年后，现在戴在你手腕上的这枚腕表，仍然精准地在你家族的一位后人的手腕上跳动，就好像你可以跨越时间，触碰不可知的未来世界一般。

手腕上的梦想

梦想之于现实世界，就好像是一场盛大的海市蜃楼，"忽闻海上有仙山，山在虚无缥缈间"，即使这图景如《清明上河图》般细致，也不过是一场幻影。如果要问这世间有哪个地方，能让在世俗中无处安放的梦想有一块栖身之地，那万国表也许能交出一份不错的答卷。

现在想象你是一个飞行员，飞机因为故障降落在撒哈拉沙漠上，周围荒无人烟，一切都显得那么绝望。后来你遇见了小王子，返程的时候你是不是已经开始反思，大人已经长大了，有时候，"在有人的地方，也一样孤独"。

2006 年起，万国表开始推出飞行员腕表特别版，向法国作家兼飞行员，《小王子》的作者安托瓦尼·德·圣-埃克苏佩里和他毕生的事业致敬。2013 年，在这部文学史上的经典之作诞生 70 周年之际，万国表推出了限量 270 枚的飞行员万年历腕表——"小王子"特别版，使用了制表界最高性能的自动上链系统之一，能提供长达 7 天的动力储备。表盘上装饰有独特的月相视窗，小王子站在他的小星球上凝望着繁星闪烁的夜空，这是以作者亲手绘制的封面为蓝本制作而成的，在这款腕表中，小王子的形象同样出现在了机芯摆陀的金质徽章上，同时上链摆陀也镌刻有 "LE PETIT PRINCE"（《小王子》原标题）的字样。小王子系列腕表的队伍还在不断壮大。"不忘初心，方得始终"，万国表似乎在向所有"长大了的大人"传递着这样的信息。

现在，继续延伸你的想象，你又变成了一名航海家，驾驶着航船在海上乘风破浪，途中你登上加拉帕戈斯群岛，在那里，"陆鬣蜥和海鬣蜥在黑色的火成岩上舒服地晒着太阳，外形看起来就像神话传说中的龙。火烈鸟和海龟在惬意地享受着陆地的温暖。闪耀的碧绿小海湾中，成群结队的鳐鱼在浅水域若隐若现地巡游。海狮在洪堡洋流的凉水中嬉戏，而槌头双髻鲨则在更深的水域中环游"，你循着达尔文的足迹，开始探寻这个独一无二的生态系统的秘密。

2014 年万国表第六次以一款海洋时计特别版腕表向雅克·库斯托这位饱含激情的发明家、学者以及电影制作人致敬。他就是那位因达尔文而登上加拉帕戈斯群岛的船长，他制作的电影向世人展示了群岛水上及水下敏感的生态系统，是一名投身于生态环保和可持续发展事业的行者。这款海洋时计与之前推出的表款相比更加简洁、色彩更加雅致，功能和安全性上也更胜一筹。万国表一直在不断完善和进步，正应了达尔文那句话："自然界生存下来的，既不是四肢最强壮的，也不是头脑最聪明的，而是有能力适应变化的物种。"

在你的梦想世界里，继续进发，现在你又化身成一名赛车手，疾驰在 F1 赛道上，2.8 秒之内，你加速到时速 100 公里，5 秒，时速 200 公里。强烈的轰鸣声带给你一种无法言说的刺激感和无可取代的快感。无数双眼睛，紧紧地注视着你。你同你的赛车，仿佛是风的影子，会消失在一转念、一眨眼之间。

万 国
IWC

挑战极限的冒险家

    2013 年，万国表作为梅赛德斯 AMG 马石油 F1 车队的官方工程伙伴踏入 F1 一级方程式赛季，借此机会，万国表推出了一款表底刻有 F1 一级方程式赛车图案的精钢腕表——工程师计时腕表赛车手特别版，作为此次合作的献礼。这款表搭载的是一枚万国表自制的高效机芯，它中间的计时指针可以测量一分钟以内的时间，借助计时指针还可在测速刻度上显示 1000 米参照距离内的平均速度，分钟圈上的红色 "60" 标志，其设计灵感来自该车队赛车方向盘上的背光数字显示。风驰电掣、电光火石，在这里，只要你拥有速度，你就拥有一切。

    别停，继续向前，你穿越时空，来到了距今 500 多年前的一个意大利小村庄，瞬间你觉得自己的左右脑开始同时飞速旋转，充满着智慧和能量，你绘画、雕刻，你计算、发明，你解剖生物、研究植被，你钻研哲学和宗教……在有限的时间里，你想要探寻力之所及的所有领域，想要体悟常人所不能及的天地奥秘。

    从 1960 年代末起，万国表受达·芬奇极具开创精神的思维方式的启发，推出以达·芬奇之名研发的新表款。万国表把很多创新技术率先应用于该系列，2009 年，万国表的工程师们为达·芬奇系列又添一款达·芬奇万年历数字日期月份腕表，这是第一款配备万年历和数字闰年显示的飞返计时腕表，制表大师们身体力行，用达·芬奇的精神，向达·芬奇致敬。

    在你的梦里，还可以扮演多少角色？

    如果单纯用权力的大小和地位的高低来定义一个 "精英男士"，

着实是肤浅又乏味的。有多少人被困在现实世界的"公司－家－公司"的两点一线里，整天对着办公室玻璃幕墙和外面的钢铁森林，有多少人渐渐失去了"做梦"的能力？然而，在万国表营造的那个亦真亦幻的纯粹世界里，你可以成为志在云霄、内心敏感的圣·埃克苏佩里，你可以成为内心刚毅而又柔软的库斯托，你可以成为拥有速度与激情的范·迪塞尔和保罗·沃克，你还可以成为无数次带领法国队冲向世界杯的齐达内，甚至成为不断探索开创的达·芬奇。

　　万国表，为所有有梦想的人创造了一个充满力量的世界。

万 国
—— IWC ——

挑战极限的冒险家

18

PIAGET

Since 1874

伯 爵
PIAGET

：

"超薄革命"的引领者

创始人：

乔治·爱德华·伯爵

品牌诞生地：

瑞士侏罗山谷

品牌总部：

瑞士日内瓦

品牌历史：

乔治·爱德华·伯爵出生于瑞士的一个小镇，1874年，年仅19岁的伯爵在自家的农场里，成立了一家专业机芯工作坊。1943年，伯爵品牌正式注册。1945年，第一枚刻有伯爵标志"PIAGET"的腕表问世。从20世纪60年代开始，伯爵致力于复杂机芯和超薄系列腕表的设计与生产，并在顶级珠宝首饰方面取得突破，推出一系列珠宝腕表。1969年，推出了自主研发的石英机芯。1976年，全新生产厂房于日内瓦建立，从此将腕表的制作整合于同一座厂房。2004年又建立新的工厂，将腕表与珠宝制作的20多道工序，纳入同一个厂房。2006年，伯爵在日内瓦高级钟表大奖中夺得年度最佳珠宝表奖项。

历代掌门人：

1874年，乔治·爱德华·伯爵创立了伯爵品牌；1911年，他的儿子提摩太·伯爵从父亲手中接掌家业，成为伯爵第二代掌门人；1945年，家族第三代杰拉德·伯爵与瓦伦丁·伯爵开始接管公司；1980年，伯爵家族的第四代传人伊夫·伯爵，被任命为伯爵副总裁兼总经理；1988年，伯爵成为历峰集团的成员。

"仙子坡"的创业故事

侏罗山,一座横跨法国、瑞士、德国的山脉。在这里,石灰岩高地被深邃的河谷切割,其中隐藏着许多化石和恐龙遗迹,仿佛诉说着一亿九千九百万年前侏罗纪的秘密。在瑞士法语区的侏罗山区里,有一个名叫拉克塔菲的小镇,拉克塔菲(La Eote-aux-Fees)在法语里是"仙子坡"的意思,这个名字给本就如诗如画的小镇又添上了一抹灵动传奇的色彩。谁又能想到,在这个隐藏着恐龙和"仙子"的神秘小镇里,还孕育着理性和精密。1874 年,乔治·爱德华·伯爵(Georges Edouard Piaget)在自家的农场里,成立了一家小小的机芯工作坊,当初年仅 19 岁的伯爵可能没有想到,这个小小的"因",成就了今天伯爵这个享誉全球的奢华钟表珠宝品牌的"果"。

这是一家只制造机芯的工坊,但绝对不容小觑,拉克塔菲不同于相隔不远的拉绍德封和弗勒里耶这两个诸多著名手表品牌的诞生地,当时镇上只有伯爵一家钟表工作坊。尽管没有生长在所谓的名表之镇,但年轻的伯爵凭借着自己研发的高精准度的优质机芯,成为瑞士知名表商的腕表机芯供应商。

伯爵的名声很快翻山越岭、远近驰名。出自伯爵之手的腕表机芯,皆是以无出其右的精湛工艺制作而成,为伯爵工作坊赢得极高的声望,让伯爵机芯工坊具备了发展成为伯爵表厂的条件。乔治将他的

伯 爵
PIAGET

"超薄革命"的引领者

14 个孩子组织起来生产机芯，在乔治年老后，他们秉承了父亲对钟表事业的热情以及对品质的坚持，开始着手准备从专业生产机芯发展到全表制作。

　　曾经在工坊里学徒的 14 个孩子，表现出了伯爵家族超越时代的长远眼光，大胆创新、勇于尝试和永不言败的精神，深植于伯爵家族的血统中。

　　在"二战"即将结束的 1943 年，伯爵迎来了至关重要的转折点。原本专业生产机芯的伯爵在这一年决定将伯爵品牌注册，并在拉克塔菲的伯爵制表工厂中自行制作并推出带有"PIAGET"标志的腕表。伯爵的第三代掌门人，杰拉德·伯爵（Gerald Piaget）和瓦伦丁·伯爵（Valentin Piaget），重新组建了公司，把爷爷的伯爵钟表工作坊，变成了伯爵表厂，"伯爵"从此不再只是一个制表家族的姓氏，也成为一个传世的品牌。

　　老伯爵孙辈的这两位继承人，在世界各地开疆拓土，使伯爵品牌的知名度与日俱增，展现出脱胎换骨的全新气象。坊间开始流传伯爵表的传说，在人们心中播下了"想要拥有属于自己的伯爵腕表"的种子，这粒种子也随着伯爵日后的创新和发展，时时发新芽，开新花。

　　伯爵表厂开始接到从世界各地纷至沓来的订单，表厂的产能得到了前所未有的充分发挥，甚至已经开始超负荷运转，就算最初制表工坊的设备全部经过现代化处理，仍然不足以应付当时的需求。于是，崭新的厂房于第二次世界大战后在"仙子坡"落成并启用。

伯 爵
PIAGET

"超薄革命"的引领者

1945 年，第一枚刻有伯爵"PIAGET"标志的腕表正式问世了，其中伯爵首创的超薄九线运转装置，至今仍是机械腕表系列的主要设计依据。

从 20 世纪 60 年代起，伯爵开始投身超薄机芯的制作，新颖设计如同井喷一样，源源不断地涌现出来，其中不乏在当代钟表史上占有重要地位的经典表款，还包括"手镯腕表"和"硬币腕表"这样出众的表中珍品。这些创新设计，为伯爵品牌赢得了享誉国际的声望。

伯爵在日内瓦收购了数家金饰车间，并在 1959 年成立首家伯爵专卖店。1964 年，品牌推出的珠宝腕表顺利打开了女性市场，首次推出的手镯腕表，成为高级腕表的典范之作。伯爵利用它生产超薄机芯的独家技术和制作珠宝的精湛工艺这两大优势，随意进出创意殿堂，用每一枚腕表，将天马行空的虚幻世界同车水马龙的现实世界连在了一起。

1974 年，伯爵品牌诞生 100 周年之际，"仙子坡"政府特别送给伯爵一块铜匾以示纪念，感谢伯爵为小镇做出的特殊贡献。伊夫·伯爵（Yves Piaget）自 1980 年开始接管伯爵，作为家族第四代传人，他仍然持续不懈地追求卓尔不凡的品位。1988 年，伯爵加入历峰集团旗下，但依然传承着自己的"命脉"。伯爵对时代的把握，就好像它永远站在高峰之巅纵观全局；伯爵的细腻，又好像它就站在你我之间。

伯 爵
PIAGET

"超薄革命"的引领者

1990年，伯爵推出首个珠宝系列——"Possession"，从此品牌真正跨入珠宝领域的大门。

从1473年起，在威尼斯钟楼平台的屋顶上，就一直站着两个摩尔人，年长的摩尔人在整点前两分钟敲槌鸣音，象征着逝去的时间；年轻的摩尔人则在整点后两分钟敲槌鸣音，代表未来的到来。但因为机械耗损，摩尔人雕像无法继续报时，伯爵自1997年起，便允诺为威尼斯无价钟楼的修复工程护航，帮助摩尔人重生。终于在2007年，修复成功，未来，钟塔也将继续在它忠诚的威尼斯摩尔人的守护下，持续精准报时。

21世纪初，为顺应企业发展，伯爵在日内瓦建立了全新的高级制表厂。在这个效率极高的表厂里，同时聚集了钟表和珠宝制造部门，每年可获选成为主题腕表和珠宝的创意有20多种。日内瓦表厂与拉克塔菲表厂的机芯生产业务相互补充。与此同时，伯爵开始对研发产业进行投资。

如果有一天，你来到瑞士，可以去"仙子坡"和日内瓦的两家伯爵表厂看一看，那里有为几代伯爵制表匠人服务了上百年的工具，有几乎把制表视为生命的工人，他们专注而执着，在同一个岗位上奉献了自己几十年的时光。日内瓦著名的南郊工业区，除伯爵外还有百达翡丽、江诗丹顿、劳力士等众多表业巨头，但是在诸多表厂中，总有一些限制参观、拍摄的区域，唯独伯爵工厂内可任意拍照，没有任何限制。

没有最薄，只有更薄

  20 世纪 60 年代的西方社会是怎样一幅图景？年轻人开始奉行与家长截然不同的观点，妇女和有色人种的权利开始受到广泛关注，约翰·列侬和保罗·麦卡特尼正在撼动整个世界，以毕加索为代表的前卫西方现代主义艺术与传统艺术分道扬镳，女性们开始穿着短裙和中性服装自然又大方地走在街上。在这个社会大变革的时代里，整个西方社会的思维方式都发生了很大的变化。"年轻风暴"思潮促进了"否定""消解""颠覆"的理念。

  身处于这个时代的伯爵决策者们，决定利用伯爵品牌在机芯领域的专业性，投入超薄机芯的研发工作，这绝对是一个高瞻远瞩的伟大决策，由厚重变轻薄是大多数电子、机械产品发展的必经之路。这个伟大的决策在钟表史上结出了丰硕的果实：1957 年，伯爵位于"仙子坡"的表厂推出了著名的 9P 手动上链超薄机械腕表，厚度仅为 2 毫米；三年以后的 1960 年，伯爵又推出了厚度仅有 2.3 毫米的 12P 腕表，成为当时世界上最纤薄的自动上链机械表，入选"吉尼斯世界纪录"。

  从古至今，事物发展的大方向似乎总是由繁到简，从厚重到轻巧。比如我们使用的汉字在简化，法语也在进行拼写的改革，建筑领域也是一样，"可持续的建筑就是简化的建筑"，甚至我们的日常生活

伯 爵
PIAGET

"超薄革命"的引领者

也越来越强调"做减法"。伯爵的最新微型制表技术,带来的不仅是一场行业内的技术革命,也是一场以当时社会大环境为背景的"生活方式革命"。

伯爵凭借超薄机械机芯的独家技术让品牌在瑞士高级制表业无可争议地享有了一席之地。自此,伯爵品牌"高精准度"的标签旁,又牢牢贴上了"超薄"的标签。直到今天,伯爵精准定位了自己的品牌,而"超薄"一直矗立在战略的制高点。在这个制高点上,伯爵前所未有地将精湛技艺与设计融合。

但任何"最新"都会被替代,能超越"超薄"的只有"更薄",伯爵的决策者们非常清醒地知道,避免被竞争对手超越的唯一方法就是自我超越。于是,从 1990 年开始,拉克塔菲表厂加强了机芯研发,推出了 430P 和 500P 新型系列机芯,来接替在超薄机芯领域享有盛名的 9P 和 12P 机芯。随着超薄机芯的技术日臻完善,伯爵以 1957 年的经典杰作——"帝尊"腕表为蓝本,在 1998 年推出了伯爵"高原"超薄表款,"高原"做到了集简约优雅于一身,与其说它是经典的重塑,不如说它是两个经典的碰撞。

20 世纪中期以后,能够独立完成机芯制造的表厂越来越少,大多数表商转向从专业的机芯厂购买成品基础机芯加以修饰和改造后装壳,或者购买基础机芯散件加以改造。然而伯爵不但自行生产机芯,还将腕表与珠宝相融合,继续创造"超薄奇迹"。

时间进入 21 世纪,伯爵对研发加大了投资,在 21 世纪初的十余

伯 爵
PIAGET

"超薄革命"的引领者

年间，伯爵表厂推出了近 30 款新型机芯，其中包括珍贵的复杂功能机芯，包括一款陀飞轮机芯、一款双时区飞返计时机芯和一款万年历机芯，而所有这些机芯的最大共同点，仍然是"超薄"。2010 年，也就是著名的 12P 机芯推出 50 年之后，伯爵再次展示了其在超薄机芯领域的专长，成功创造了两项世界纪录，打造出世界上最纤薄的自动上链机芯和自动上链腕表。两年后，即 2012 年，推出了同款机芯的镂空版，这款在工艺和美学上都出类拔萃的杰作再次为伯爵表厂创下纪录。

伯爵表是唯一被列入世界八大奇观的腕表，奇观之所以被世人称奇，是因为它们看起来非人力所能及，如有神助，伯爵品牌的机芯，那些复杂精细而又极小的部件，被完美地组装在一块超薄的手表里。"一沙一世界，一花一天堂"，小小的机芯，内部繁复如同这花花世界一样，制作、组装之精准如神来之笔，更为可贵的是，它的外形典雅简约，与机芯形成对比，低调之中尽显奢华。

一个品牌，有了一以贯之的信念和追求，就如同一个意志坚定的人，这个信念促使伯爵不断突破"超薄"的极限。2013 年，超薄技术又被应用于一项复杂功能——三问报时功能。这枚全新推出的机芯由多达 407 个组件构成，但其厚度却仅为 4.8 毫米，创下同类型机芯的最薄纪录，这是一款可以用来"倾听"的表，这枚更薄的微型机芯没有向低音质和低可靠性妥协，反而精益求精，带来了极致悦耳的高质量报时之音。

传承经典，勇于创新

我们似乎从"传承"二字中看见一幅祖辈把技艺传递下去，儿孙们伸手接住的画面。伯爵可以说是最合格的传承者，伯爵的"命脉"是它的机芯，机芯好比每一枚表的"心"，这颗从祖辈传承下来的"心"，一直在伯爵品牌中跳动。

自 1847 年以来，伯爵在这 150 多年的时间河流里，没有因为岁月的冲刷而黯然失色，而是历久弥新，被打磨出新的光彩，因为伯爵没有仅仅固守于"传承"，也在不断创新和超越自我。

在 1957 年推出两款超薄机芯之后，伯爵设计师仿佛变身为无拘无束的艺术家，接连创作出多款精致独特的腕表，如有超薄机芯的超薄表、金币表和长方形表，等等。

1964 年，伯爵首次推出采用青金石、绿松石、黑玛瑙、虎眼石等宝石制作表盘的系列腕表，惊艳当时的腕表界，"内外兼修"的珠宝腕表为腕表发展史谱写了新篇章。这惊艳之音还未落之时，品牌首次推出了手镯腕表，上演了高级腕表的华丽二重奏。试想当时，在传统和现代的交界之际，每一个面临变革的灵魂都在张望，在戴着普通圆形腕表的人群中，人们的目光必然会被戴上伯爵超薄腕表的商业精英，和伯爵珠宝腕表的名媛闺秀吸引，伯爵品牌已然成为一种象征，引领着社会的风尚。

伯 爵
PIAGET
"超薄革命"的引领者

　　很多表厂都可以生产珠宝腕表，可以把腕表做成美丽的装饰品，但并不是所有品牌的珠宝腕表所使用的珠宝，都是由珠宝专家不惜踏遍千山万水寻找到的。"你从伯爵表上看时间，就是在欣赏一件传世珍品。"伯爵世代传承下来的技艺，以及整个工厂高自由度的创作空间，让每一颗宝石都保持了它原本的个性，释放出迷人的光彩。

　　从此，人们想要拥有的不再仅仅是一块"属于自己的伯爵腕表"，而是"一件伯爵艺术品"，珠宝腕表的出现，仿佛给精密冰冷的仪器穿上了绚烂华美的外衣。

　　伯爵表拥有一颗高精准而又超薄的"心"，拥有能够引领潮流的外表，伯爵还是一个有灵魂的品牌。作为一个商业品牌，伯爵在追逐利益和扩张的同时，也表现出高度的人文关怀。

　　1986年，"舞者"系列表款面世，是对想要摆脱传统的束缚、勇于追逐自己梦想的女性的献礼。1990年，伯爵推出了首个珠宝系列——"心动"，它象征"拥抱的艺术"，拥抱所爱之人，拥抱整个世界。可任意转动的双环设计，灵感来源于人与人的相处哲学，那一件件"出双入对"的珠宝，意蕴温暖而又深刻。

　　如果时间回到1847年的某个黄昏，在瑞士的那个小镇里，刚刚成立自己的机芯工作坊不久的伯爵先生，正坐在也工作室的角落里休息，金黄色的余晖洒进窗子，照亮他年轻的脸庞。会不会有那么一瞬间，他幻想着自己的伯爵工作坊会成为一个站在腕表和珠宝创作领域

伯 爵

PIAGET

"超薄革命"的引领者

之巅的品牌？如果有，那他一定会为那些从未停下大胆创新步伐的伯

爵传人们，感到深深的自豪。

19

AP
AUDEMARS PIGUET
Le maître de l'horlogerie depuis 1875

Since 1875

爱 彼
AUDEMARS PIGUET

:

瑞士家族的计时美学

创始人：

朱尔斯-路易·奥德莫斯和爱德华-奥古斯特·皮
捷特

品牌诞生地：

瑞士汝拉山谷

品牌总部：

瑞士汝拉山谷

品牌历史：

1875年，两位有着共同理想的钟表师朱尔斯-路
易·奥德莫斯和爱德华-奥古斯特·皮捷特在瑞士汝拉
山谷布拉苏斯小镇创立了爱彼品牌。1881年，正式成
立爱彼表厂。之后，两位创始人开始重点研发复杂功
能表款，屡获殊荣。时至今日，爱彼表已经传承到了
奥德莫斯与皮捷特家族的第四代子孙，以精湛的技术
和高雅的设计赢得人心。

历代掌门人：

朱尔斯-路易·奥德莫斯和爱德华-奥古斯特·皮捷
特创立了爱彼品牌；1917年，朱尔斯-路易·奥德莫
斯退休，由其儿子保罗-路易·奥德莫斯继任董事会
主席及技术经理。1919年，保罗-奥古斯特·皮捷特
亦继承父业，掌管了公司的商业部门；之后，雅克-
路易·奥德莫斯成为董事会主席。1992年，雅克-路
易·奥德莫斯退休后，他的女儿贾思敏·奥德莫斯
出任爱彼新任掌门。

爱 彼
AUDEMARS PIGUET

瑞士家族的计时美学

源自内心，此爱彼生

"爱彼"，是"Audemars Piguet"的中文译名，这个浪漫的名字赋予了品牌美好的寓意。1875 年，两位年轻的钟表师朱尔斯 - 路易·奥德莫斯（Jules-Louis Audemas）与爱德华 - 奥古斯特·皮捷特（Edward-Auguste Piguet）一拍即合，在瑞士布拉苏斯小镇共同创立了品牌，并以各自的姓氏组合起来，为品牌命名。

位于瑞士日内瓦北部的汝拉山谷，海拔 1000 多米，是天然的观星圣地。生活在这里的人们在日月星辰的运动中探寻着时间的规律。

17 世纪末，移居的胡格诺教徒把制表技术带到汝拉山谷，到了 19 世纪，汝拉山谷已经发展成为复杂腕表机芯的国际制作中心。爱彼就起源于这里，四代人不懈努力创造出性能卓越、工艺精湛的计时杰作，解读着自然与时间的奥秘。

朱尔斯 - 路易·奥德莫斯与爱德华 - 奥古斯特·皮捷特，两位优秀的年轻制表匠，自品牌创立之初，就确立了"驾驭常规，铸就创新"的理念。二人深知要抢占市场，必须拿出与众不同的产品，他们以超薄的机械零件作为突破口，潜心研发出了复杂精密的机械零件。问题又出现了，要"驾驭常规，铸就创新"，利润并不那么丰厚的简单产品必然无法满足高额的研发投入。他们从一个老客户那里获得了灵感。

当二人研发出超薄的机械零件时，一位老客户出于好奇，主动

爱 彼

AUDEMARS PIGUET

瑞士家族的计时美学

上门参观。他早就厌烦了市场上千篇一律的笨重时计，当即表示，愿意成为第一批新产品的客户。奥德莫斯和皮捷特无奈地告诉客户，因为高昂的研发投入，他们已经无法开始下一阶段的量产了。客户却表示自己愿意高价定制。虽然定制在当时并不是什么新事物，但对于刚刚开业的爱彼表坊来说，却是意外的惊喜。两人精心制作了一块手工表，客户非常满意。核算下来，反而比量产的利润要高出很多，从此两人坚定了手工定制的决心。

他们将工匠精神发展到了极致，每一块手工表背后都会刻下制作者的名字，这样不但能加强质量控制，也具备了防伪的功能。

1882 年，爱彼成功制作出一块装载万年历的怀表，这在当时是顶端的工艺，一经推出，便广受客户欢迎。之后，他们开始把主要精力用于复杂表款的研发。1889 年，他们为第十届巴黎环球钟表博览会准备了一个秘密武器，要一鸣惊人。那是一款具有复杂功能的怀表，搭载三问、双针定时器及恒久日历功能，在钟表界取得巨大反响，新代理商蜂拥而来，自此，爱彼开始有了世界名牌的味道。

在巴黎环球钟表博览会上获得的巨大声誉让爱彼实现了飞速发展，两位创始人决定扩大生产规模。1907 年，爱彼在原有的工厂旁边购入了一座大楼，作为新的厂房，这也是现在的爱彼表博物馆的所在地。从此，爱彼表的制造中心没有离开过这里。

1925 年，爱彼研发出全球最薄的怀表机芯，厚度仅有 1.32 毫米。1934 年，推出了世界上第一枚镂空怀表。

爱 彼

AUDEMARS PIGUET

瑞士家族的计时美学

在腕表逐渐取代怀表成为主流的时代，爱彼在 1946 推出了当时世界上最薄的腕表；1957 年又成功将万年历搭载在腕表上；10 年后，推出了拥有自动上链机芯的超薄腕表，无不具有划时代的意义。

1972 年，爱彼又迎来了发展史上的一个里程碑，"皇家橡树"系列风靡全球，至今仍是爱彼品牌的代表作。

进入 21 世纪，面对不断出现的新材料，爱彼开放的态度令人赞叹，不再局限于使用以往的贵金属材料，于 2008 年推出了首枚碳表壳和碳机芯的腕表。

一天，布拉苏斯小镇迎来了一位特殊的客人，他就是当时世界排名第一的网球天才诺瓦克·德约科维奇。众所周知，为人谦虚随和的德约科维奇一向不喜欢过度抛头露面，他认为专注赛场才是一位运动员的责任和义务。德约科维奇对高档腕表情有独钟，爱彼对他的到访也表现出了足够的诚意，派专人随行讲解，并参观了手工制表的整个流程。德约科维奇参观后，惊叹不已，他说："我对这些高级钟表一见钟情，爱彼表的悠久历史传统及求新求变的精湛制表工艺令人激赏。"

当一个网球天才遇到一个传承了一个半世纪的钟表品牌，双方发自内心地欣赏对方，接下来的事情也就顺理成章了。爱彼表在 2011 年第四场大满贯赛事美国网球公开赛现场披露了一件新闻：世界排名第一位的网球天才诺瓦克·德约科维奇将成为瑞士顶级钟表爱彼表的品牌大使。

爱 彼
AUDEMARS PIGUET

瑞士家族的计时美学

　　爱彼从未离开过那个故事开始的小镇，仅仅是在创业时的制作中心旁边购买了物业，扩大生产。两位创始人的家族也从不曾离开爱彼，至今传承了四代人，制表事业已经融入两家人的血液，每一代人都在为这个品牌奋斗，不曾间断。爱彼的历史不仅仅是一个企业的发展史，也是两个家族的生活史。他们因为心中那份爱，承前启后，继往开来。

复杂功能腕表界的翘楚

　　在钟表行业，那些不仅仅拥有计时功能的机械装置，统一称之为复杂功能装置。作为高端定制钟表的代表，爱彼总是在创新和超越自我。无论是闪电跳秒计时码表，还是具有万年历、报时，月相显示功能，甚至将多项功能融为一体的"高复杂功能"腕表，爱彼的制表工艺大师都能够完美实现。

　　细节是魔鬼，爱彼一个半世纪的历史，可谓把细节做到了极致。

　　爱彼在钟表行业首开在定制钟表上刻下制表匠名字之先河。客户把自己定制的手工表拿在手中，询问爱彼的工作人员："这个签名是什么意思？"爱彼的工作人员告诉他："这是我们一位优秀制表匠的得意作品，所以他签下了自己的名字。如果这块表有任何质量问题，我们郑重做出承诺，将给您一个满意的解决方法。"

爱 彼

AUDEMARS PIGUET

瑞士家族的计时美学

爱彼的两位创始人曾经这样解释这个无意之举：起初我们只是为了保证质量，没想到，这个举措一推出，受到了多方的欢迎。制表匠为自己满意的作品刻下自己的印记，有一种油然而生的自豪感；客户觉得制表匠的签名为高端定制的手工表增添了几分艺术气息；既保证了质量，也给广告宣传增加了噱头。

在传统报时系统里，如果无需报刻，在报时和报分之间的停顿会明显增长。同时，在防水性能成为高端腕表标准配置的今天，如何减少水对声音传播的影响这个难题也被爱彼成功解决。2006 年，爱彼与瑞士洛桑联邦理工学院展开合作，发起开创性报时腕表的声学研究计划。这项合作项目的宗旨是通过一种全新方法设计精钢材质的音簧结构，创造出独一无二的三问报时声音。

经过潜心的研究，各项技术都成功取得突破，并运用到新的系列产品中。"皇家橡树"概念系列超级报时腕表的报时间隔可减少 50%。另外，爱彼还研发出了一项特别设计的保护功能，可防止佩戴者在启动报时状态下调节时间显示对机芯造成的损害，并能有效提高腕表的走时精度。

在传统的制作工艺中，三问报时机制的音簧直接固定在机芯主夹板上，声音必须穿过表壳才能传播出来，而声音损耗的多少，与表壳直接相关。爱彼对细节的追求简直到了魔鬼般的程度，全新研发的表壳采用了类似吉他音箱箱体的设计，音簧安装在机芯下方由一种特殊材料制成的装置之上，将音锤敲击产生的震动直接传输到特殊材料制成的装置中，而非传统的机芯主夹板上。独特的构造使音簧栓销更加灵活，并能够吸收报时装置运作时产生的杂音，可防止声音损耗，达到扩音效果。就这样，爱彼制表师缔造的清晰的报时声音，毫无损耗，以最完美的状态呈现出来。

皇家橡树，从前卫到经典

如果说爱彼的系列腕表是一顶光彩夺目的王冠，那么"皇家橡树"（Royal Oak）系列一定是这顶王冠上最璀璨的那颗明珠。

"皇家橡树"系列腕表的设计灵感来源于英国皇家海军"君王"级（也称"R"级）战列舰中的一艘战列舰"皇家橡树"号。君王级战列舰从1913年开始一共建造了5艘，是"伊丽莎白女王"级战列舰的改进型，其性能优良，是跨时代的武器装备，也可以说是当时世界上最令人生畏的武器装备。

舰名"皇家橡树"来源于一棵救了查理二世性命的老橡树。1651年9月3日，在伍斯特战役中，当时尚未正式成为英国国王的查理二世全军覆没，他只身落荒而逃，追兵已近，他发现了一棵橡树，而这棵老橡树恰巧是中空的，于是急忙藏身于内，逃过一劫。几年后查理二世卷土重来，成为英国国王，为纪念这棵老橡树，英国皇室将其封为"皇家橡树"。

爱 彼

瑞士家族的计时美学

对于一个人来说，生活不总是一帆风顺的；对于一个品牌来说，发展也会经常遇到挑战。对于机械表行业来说，最大的挑战莫过于石英机芯的迅速推广。当时爱彼的几个系列，采用的主要是机械机芯，如何在新科技面前，让爱彼立于不败之地，成为总经理乔治·格雷（Geoges Golay）日夜思考的问题。不过他始终坚信，爱彼秉承传统、坚持创新的理念是正确的。石英机芯在钟表行业掀起的革命袭来，爱彼已经到了很危险的境地，乔治·格雷感觉自己肩上的担子无比沉重，危急时刻，他坚定了在传统工艺的基础上进行创新的理念，不向石英浪潮妥协。

于是，爱彼最优秀的设计师杰拉德·尊达（Gerald Genta）接到了乔治·格雷的这样一个电话：意大利市场期待一款前所未见的精钢腕表，希望尊达在第二天太阳出来之前设计出这样一款腕表，一款适合所有场合、拥有精美外观的运动腕表。一个晚上？杰拉德·尊达认为这几乎是不可能完成的。众所周知，钟表设计是制表工艺中的最重要的一环，在设计样品出来后，整个系列的产品生产将会固定。如果一个系列的设计出了问题，那么就等于这个系列从开始就走上了错误的道路。耗费大量的人力、财力，而且也会错过应对石英机芯挑战的最好时机，其后果是不可想象的。而就当时瑞士钟表业的经验来说，一个系列的设计，通常是按年计算的，毕竟设计关乎整个系列的成败。一个晚上的时间，对于钟表的设计几乎是可以忽略不计的。

杰拉德·尊达虽然心里打鼓，但是作为一个优秀的设计师，他没有退缩，而是开始了充满巨大挑战的冒险之旅。

爱 彼

AUDEMARS PIGUET

瑞士家族的计时美学

　　杰拉德·尊达知道，通常的设计流程是行不通的，因为无法像往常一样，画出几百张草图，一一对比，找出优劣，并逐步改进。这时候，唯一能依靠的就是自己多年设计经验基础上的灵感。时间一分一秒过去了，他依然一无所获，开始有点焦躁不安，不停地在房间里踱着步子，当他的视线扫过一件船模时，不由得眼睛一亮，顿时有了灵感，或许突破点就在这里。杰拉德·尊达马上坐回办公桌前，拿起笔，顷刻间一个以英国皇家海军战舰的八角舷窗为模板的腕表造型呈现出来，这就是举世闻名的爱彼"皇家橡树"系列腕表。当清晨的太阳升起，杰拉德·尊达虽然整夜未眠，但是看着办公桌上已经完成的设计草稿，满心喜悦。可能当时他本人也没有意识到，这是一款多么伟大的作品。

　　然而，首款"皇家橡树"推出后，由于设计理念过于超前，起初并没有受到市场的重视，甚至遭到了很多人的嘲讽。毕竟在腕表日益轻薄的当时，"皇家橡树"显得有些笨重。甚至很多人都认为："从未见过如此丑陋笨重的腕表，爱彼必定会在 6 个月内破产。"不过，这些质疑也激发了人们的好奇心，很多爱表人士想一睹为快，爱彼很快收到了不少订单。当客户拿到成品后，无不被"皇家橡树"离经叛道的设计所震撼，并被深深折服。之后，"皇家橡树"成了炙手可热的表款，推出了多个系列，但唯一不变的是，八角形表圈和 8 颗六角形白金螺丝固定表圈的经典设计。

　　杰拉德·尊达将第一款"皇家橡树"系列腕表命名为 5402，材料选用的是高端腕表中最为普通的纯钢和黄金，表壳尺寸为 39 毫米，拥有全精钢打造的表壳、表圈、表冠、表带和折叠表扣、运用磨砂与抛光而产生微妙对比的八角形表圈，配以采用白金材质的 8 枚六角形螺丝。更令人匪夷所思的是这款表定价为 3200 瑞士法郎，简直是贵得离谱。在当时，同种功能的使用黄金等名贵材料的运动型腕表售价都远远低于这个价格。该款腕表在 A 系列市场取得成功以后，又陆续推出了 B 系列、C 系列，三个系列的总产量也仅有几千只，其中最受市场追捧的 A 系列只有 1000 只。四十多年过去了，该款腕表极具收藏价值，不仅 A 系列难觅踪迹，B 系列和 C 系列也是一表难求。

"皇家橡树"的成功，给爱彼增强了信心，接下来的研发工作投入了大量精力，陆续又推出了两个衍生系列，即"皇家橡树"概念系列和"皇家橡树"离岸系列。

1993 年，爱彼"皇家橡树"离岸系列腕表问世，作为"皇家橡树"系列的名门之后，创造性地使用了 42 毫米的大表壳，具有强烈的、别具一格的阳刚气质，首开大尺寸腕表的先河。在此以前，轻薄一直是腕表设计的主流，如此创意，完全颠覆了以往腕表的设计理念，成为时尚界的新宠。它使用 4 枚清晰可见的螺丝将表壳固定，这样大尺寸的保护装置使这枚性能良好的技术计时腕表更为坚固耐用，并巧妙衬托出了恢宏的气质。该系列一经推出，就受到了广大男性表迷的追捧。

"皇家橡树"概念系列，是为了纪念首款"皇家橡树"精钢运动腕表诞生 30 周年推出的更为前卫和时尚的设计，相对于经典的精钢

爱 彼
AUDEMARS PIGUET

瑞士家族的计时美学

材质的"皇家橡树"系列，概念系列的表壳线条突出圆润的视觉体验，这样使八角形与8颗六角形螺丝更具立体感，两端的斜面对表圈做了自然的延伸，看起来更加和谐。细节方面，该款腕表读取视线更加清晰，透过蓝宝石水晶玻璃看到表盘。内部构造方面，由显示在9时位置的陀飞轮、12时位置的动力描记器和3时位置的条盒轮旋转显示的动力储备组成。其主体材料选用了陶瓷，因为陶瓷固有的抗磨损性能是精钢的8倍，加上其本身更具有质感，为"皇家橡树"概念系列增加了更多的时尚元素。

爱彼该款腕表是特别为运动员在极限环境中设计的。它的外观特色与装置也采用了用于航空、医学或能源生产领域的材质。表圈由钛金属制成，而表壳首次使用了多用于航空工业中的一种超级合金——Alacrite 602。防水深度达500米，可减少加速期间所产生的问题，并具有防震效能。由于考虑到运动员更为复杂的外部环境，概念系列的操作系统更为简单，当需要调整时间的时候，只需要通过使用一个按钮选择这项功能进行设置，再通过旋转表冠便可完成。操作完成后，按钮即可恢复中立位置。

2012年发售的"皇家橡树"系列离岸型迈克尔·舒马赫计时腕表最为世人所熟知。

2010年，F1传奇赛车手迈克尔·舒马赫带着自己的烦恼来到汝拉山谷，寻求爱彼的帮助。在比赛时，F1运动员在高速行驶下处于紧张的精神状态，他以往习惯于用电子时计。但是现在，他试图寻找一枚搭载计时码表或秒表功能且专门用于赛车的机械时计，也就是一款能完美融合功能性和精美外观的腕表。

爱彼从来是不惧挑战的，经过严谨的技术研究后，果断采用了单一计时码表同时驱动两枚中央指针又能对其进行个别控制的驱动系统，它保证了在不影响腕表正常工作的同时，又能准确测量 F1 赛车的单圈时间，其精确度高达 1/8 秒。其主体材料采用锻造碳，在陶瓷和玫瑰金按钮和经反眩光处理的蓝宝石水晶玻璃的映衬下更加亮丽。为了方便运动员佩戴，且出于安全的考虑，表带以高性能的复合黑色橡胶材料制成，再配一枚钛金"AP"字样折叠式表扣，既融入了"皇家橡树"一如既往的美学元素，又不失运动手表的方便实用，成为跨界合作的典范。

相对于有着几百年历史的高端时计品牌来说，爱彼的历史并不算特别悠久，然而家族四代人的不懈努力确立了爱彼在钟表行业不可撼动的地位。在商业大潮席卷一切的今天，爱彼拒绝了多次商业收购，始终保持独立，在坚持传统的同时，不断推陈出新。时间在流转，而那个瑞士深谷的家族品牌始终屹立在那里。

爱 彼

AUDEMARS PIGUET

瑞士家族的计时美学

20

劳力士
ROLEX
:

挑战"精确"的极限

创始人：

汉斯·威斯多夫和阿尔弗莱德·戴维斯

品牌诞生地：

英国伦敦

品牌总部：

瑞士日内瓦

品牌历史：

劳力士于1905年由德国人汉斯·威斯多夫和英国人阿尔弗莱德·戴维斯共同创立。前身为"Wilsdorf & Davis"公司，1908年由汉斯·威斯多夫在瑞士注册更名为"Rolex"。1914年英国乔治天文台授予劳力士腕表A级证书，劳力士成为精准时计的象征。1919年，劳力士总部迁往国际城市日内瓦。1926年创制首款能防水、防尘的"Oyster"蚝式腕表；1955年，劳力士研制出飞行员手表；同年，制造出深海应用的潜水表；1992年，推出蚝式恒动游艇名仕型腕表，集中体现了劳力士与航海运动的紧密联系；2000年，推出宇宙计型迪通拿系列表；2005年，利用顺磁性合金，创制出蓝色比容游丝，不但不受磁场影响，抗撞击能力也提升10倍；2012年3月26日，在马里亚纳海沟最深处，电影制作人及《国家地理》驻会探险家詹姆斯·卡梅隆佩戴劳力士刷新单人深潜纪录。

历代掌门人：

1905年，由汉斯·威斯多夫和阿尔弗莱德·戴维斯在英国伦敦共同创立；1948年，威斯多夫邀请海尼格进入劳力士公司工作，1964年，海尼格代替威斯多夫成为劳力士公司的总经理；1992年，小海尼格代替父亲执掌劳力士；2008年，小海尼格因个人理由辞职，由布鲁诺·梅默执掌公司；2011年交棒给理查德·曼恩；2014年，劳力士宣布聘请原任职LVMH集团旗下"真时力"钟表的总裁杜弗尔担任全球总裁。

劳力士的诞生

劳力士，因为它永不过时的外观与精确可靠的品质，被人们称为"一劳永逸"的腕表。它的诞生，让世界增加了一个值得收藏的品牌。但是你也许不知道，它的诞生是起源于一个凄美的爱情故事。

劳力士的创始人是德国人汉斯·威斯多夫（Hans Wisdof）。年轻的汉斯·威斯多夫在柏林的一家珠宝店做销售时，在一个阳光明媚的下午，机缘巧合地遇见了他的梦中情人科琳娜。这位迷人的姑娘有一双大海般蔚蓝的美丽的眼睛。当汉斯·威斯多夫望向她的一刹那，就已经深陷其中了。

当时，科琳娜看中了一条做工十分精致的珍珠项链，但这条项链已经被另一个贵妇人预订了。为了不让自己心爱的姑娘伤心，汉斯·威斯多夫并没有马上回绝她的购买请求，而是当贵妇人来取项链时，向她说明了事情的原委，而贵妇人为了成全这位真挚的小伙子，答应更换另一条项链。

在汉斯·威斯多夫的热情追求下，科琳娜很快与他共入爱河。然而幸福的时光并没有持续多久，当他们要谈婚论嫁时，却遇到了来自科琳娜继母的狠心阻拦，她的继母要求汉斯·威斯多夫拿出 10 万法郎作为彩礼。但对于当时的威斯多夫来说，10 万法郎是那么的遥不可及。

劳力士
R.OLEX
挑战"精确"的极限

    当威斯多夫情绪万分低落的时候,一位英国的朋友阿尔弗莱德·戴维斯(Alfred Davis)邀请他去伦敦开一家钟表公司。汉斯为了筹集 10 万法郎迎娶科琳娜,立刻同意前往。5 点钟就要出发的汉斯给科琳娜写了一封信,草草地说明了情况,希望科琳娜能送他一程,并一定要等自己回来娶她。然而汉斯一直等到 5 点却始终没有看到那抹心心念念的倩影。

    汉斯带着遗憾与一腔抱负来到伦敦,凭借聪明才智和踏实肯干,很快在伦敦的钟表业站稳了脚跟,成为一方富贾。汉斯带着 10 万法郎,兴致勃勃地回到德国,却知道了一个令他伤心欲绝的消息——科琳娜已经与一位富商结婚了,更让人伤心的是,这么多年里富商并没有善待科琳娜,经常对她拳打脚踢。

    汉斯迫切希望了解科琳娜的近况,于是在一场"有预谋"的酒会中,再次与昔日的梦中情人科琳娜"邂逅"了。这时候,汉斯才知悉科琳娜当年没能赴约的真正原因。原来之前他送给科琳娜的那块表慢了一个多小时,以至于当科琳娜在"4 点多"赶到码头时,汉斯已经离开了。

    科琳娜回家后不久,收到一封由继母精心策划的"分手信",以至于心灰意冷的她在不久后就嫁给了继母为她挑选的富商。汉斯很心疼科琳娜的遭遇,也下定决心一定要让钟表成为最精确的计时器。在 1908 年,汉斯亲手设计了一款情侣表,分别送给科琳娜和她的丈夫。然而科琳娜的丈夫疑心很重,一直跟踪她。因为巨大的心理压力,科

劳力士
ROLEX
挑战"精确"的极限

琳娜患了精神分裂症而投河自尽了。这段以悲剧收尾的感情给汉斯带来了巨大的震撼，也为劳力士的诞生增添了一抹凄美的色彩。

一直致力于设计精准计时功能钟表的汉斯·威斯多夫，在 1914 年生产的第一批劳力士表中，就有一款小型表获得了英国乔治天文台的 A 级证书。这是对劳力士计时精确度的肯定，也为后来劳力士的成功奠定了基础。

时间回溯到 1905 年，汉斯刚到伦敦发展钟表事业时，在德国巴伐利亚的一个小地方，有一位技艺精湛的钟表师——菲尔德。这位钟表师研发出了防水的自动手表，恰好与汉斯当时的发展方向一致。

因此，汉斯向菲尔德开出了许多诱人的条件，希望他作为技术顾问加入公司。然而菲尔德却毫不犹豫地拒绝了，并表明他毕生的追求就是要制造出一款世界上最好的表。

汉斯当然知道如果这款表制造出来，将会对自己的钟表公司带来怎样的影响。

菲尔德不仅研制钟表，还兼做草帽生意。汉斯想出了一个"绝妙"的办法，他让助手伪装成顾客在菲尔德那里订制了一批草帽。这样，菲尔德不得不暂停钟表制作，转而抓紧时间去生产草帽。这样，机智的汉斯为自己的研发争取了足够的时间。

经过潜心研发，汉斯终于成功制作出防水自动手表，并给这款表取名为"劳力士"（Rolex），一上市便大受青睐。后来，他指着自家后院那一片草帽对菲尔德说，都是它们的"功劳"，而菲尔德知道为时已晚，只得无奈地摇头。

1908年，汉斯在瑞士的拉绍德封为品牌注册更名为"Rolex"（劳力士）。我们都知道，一个品牌的名字对于它的发展是多么重要，汉斯·威斯多夫为这个名字绞尽了脑汁。在生活中很喜欢写信的他，关于劳力士的品牌名是这么描述的，"我几乎尝试过所有字母的组合，最后得出了数百个名字，但却没有一个称心如意的。一天早上，我坐在公共马车的上层，在经过伦敦市的齐普赛街时，仿佛听到一个像小精灵的声音在耳边低声说道——'Rolex'。"更加机缘巧合的是，"Rolex"的发音在世界各地都一样，看来在创立之初，劳力士就已经有走向世界的抱负了。

与极限运动的不解之缘

劳力士在一百多年的历史长河中，也曾经历磨难与瓶颈。

在第一次世界大战后，为了顺应时代需要，能制造出精确且能抵御极端天气的时计，已经迁往日内瓦的劳力士研发出了具有防水和自动两大功能的手表，因此，战乱并没有打垮当时的劳力士。就像汉斯所说的那样，"劳力士的思考和行动方式必须时刻与众不同，这应该是我们最大的优势。"1926年，劳力士创制了举世闻名的具有防尘防水

劳力士
ROLEX
挑战"精确"的极限

功能的蚝式腕表。第二年，英国著名的游泳健将美雪狄丝带着刚问世不到一年的蚝式腕表，在经过整整 15 个小时横渡英吉利海峡的过程之后，竟然分秒不差。这个事件迅速在钟表行业扩散，并被当时英国《每日邮报》称为"制表技术上最大的成功"，而美雪狄丝也成为劳力士史上第一位形象代言人。

从此，劳力士开始了与极限和运动的不解之缘，这与劳力士品牌热爱冒险，追求尽善尽美的信念分不开。在接下来的几十年里，劳力士一直致力于各种运动赛事，比如英国著名的迪通拿耐力赛。从 1935 年开始，劳力士就对这个赛车之都情有独钟。世界上速度最快的车手之一，麦尔肯·坎贝尔爵士，在 1935 年创下每小时 300 英里的极速纪录时，就佩戴着劳力士，并表示："我佩戴了劳力士腕表一段时间，在极端环境下，我的腕表依然准确无误。"而劳力士终于在 1962 年得偿所愿，开始赞助迪通拿耐力赛，在第二年，第一款迪通拿腕表诞生。

最著名的迪通拿腕表要属 1968 年生产的"保罗·纽曼"不锈钢腕表，它的名气一部分要归功于美国影星保罗·纽曼。当时，保罗·纽曼的妻子乔安娜·伍德沃德，精心挑选了这款腕表作为礼物送给丈夫。保罗·纽曼拥有一双迷人的蓝眼睛，在充满诱惑的好莱坞，纽曼与妻子乔安娜·伍德沃德 50 年的美满婚姻羡煞旁人，乔安娜·伍德沃德也说过自己嫁给了一个最体贴最浪漫的男人。

保罗·纽曼，不仅是一名演员，由于在其参演的电影《获胜》

（《*Winning*》）中有多个赛车镜头，因此电影拍摄完成之后，保罗·纽曼开始对赛车甚是痴迷，不断练习，积极参加各种赛车比赛，成为一名赛车选手。当时，人们对新出的迪通拿腕表并没有表现出强烈的兴趣，迫于压力，它甚至在 1975 年停产了一段时间。

乔安娜送给纽曼的这款迪通拿腕表，其实暗藏玄机。在表后印刻有"开慢点"的字样，心意自然不言而喻，希望丈夫能在比赛中全力以赴的同时，也注意安全。

"保罗·纽曼"迪通拿作为一款集运动与休闲为一体的腕表，加之出色的外观和优质的机芯，对于已近中年的成功男士有着很大的吸引力，他们需要一款既有活力又低调奢华的表来衬托自己。

在《获胜》上映后，迅速掀起了一股劳力士的热潮，人们开始争相抢购劳力士表。甚至，当时的劳力士已经成为人们结婚、毕业等重要时刻最具代表性的礼物，可见其魅力非凡。

而对于收藏家们来说，自然也不愿放过这精致的古董款式，价格自然也是水涨船高，在 1992 年，曾以 9257 美元的价格拍出了一枚"保罗·纽曼"迪通拿腕表。

在劳力士赞助的迪通拿比赛中，出现过无数位英雄。首位迪通拿耐力赛冠军丹·格尼，虽然在距离终点很近的时候引擎突然出现了问题而耽搁了 1 分 40 秒，在看了自己手上的腕表之后，奋力一搏，取得了冠军。在 5 年后的 1967 年，在获得另一场赛车盛事的桂冠时，他佩戴的日志型劳力士腕表也一起分享了他的喜悦，见证了他的荣誉。

劳力士

ROLEX

挑战"精确"的极限

在迪通拿这个极度考验耐心和技术的比赛中，我们不得不说赢得冠军次数最多的赛车选手——赫尔利·海伍德。曾5次获得劳力士迪通拿比赛冠军的他，曾说过"如果你还剩下一丝力气，那就说明你尚未全力以赴"。这样的信念与劳力士所要表达的理念极为相似。创始人汉斯在1914年的书信中表示："我们希望成为第一，而劳力士腕表亦应被视为独一无二且最优秀的。"一位著名的丹麦赛车手汤姆·克里斯滕森曾经这么说过："赛车运动就是通过改进与科技将机械性能发挥到极致，任何热衷于此道的人士都应该同样热爱机械腕表，每位力争上游的车手都很尊重同样深明机械机理的劳力士宇宙计型迪通拿腕表，并且尊重其悠久的历史和崇高的地位。"

除了赛车，很多其他的极限运动中也有劳力士的身影。人类历史上，第一位登上世界最高峰的埃德蒙·希拉里，当他于1953年第一次登上珠穆朗玛峰时，就佩戴着劳力士蚝式恒动腕表。虽然过程中经历了风暴等极端天气，但最终劳力士蚝式恒动腕表陪伴着这位伟大的登山者翻开了人类历史在攀登高山上新的一页。之后，埃德蒙·希拉里继续着他的探险历程，在1958年独自穿越了南极。在冬日南极的恶劣条件下，永远没办法知道下一秒将要面对何种困境，冰川裂缝可以在转眼间吞噬一辆25吨级的推土机，这样的危险没有让热爱探险的埃德蒙退缩，而陪伴探险家走过风雨的劳力士，一直行走如常，成为伟大探险家的忠实伙伴。

人类对于极限的挑战是不会停止的，劳力士也是如此。1978年，

劳力士
ROLEX

挑战"精确"的极限

被称为"山峰先生"的莱因霍尔德·梅斯纳尔，独自一个人，在没有携带任何氧气设备的情况下成功登顶珠穆朗玛峰。这样的挑战难度简直让人难以置信。在劳力士的广告中向世界宣称："尽管我不带氧气筒，但我不会不带上我的劳力士表去登山。"这样一位天生的登山者对于劳力士的喜爱与信赖可见一斑。

不会贬值的"现金"

大概是从 20 世纪起，腕表开始成为身份的象征。劳力士因其卓尔不凡的魅力而被称为"不会贬值的现金"，受到精英阶层的追捧。

瑞士和阿拉伯外宾曾将劳力士作为礼物送给毛主席和周总理。这两枚特别定制的腕表，表盘中的日历带有汉字。古巴领导人卡斯特罗，亦对劳力士钟情。他在会见赫鲁晓夫时，手上戴有两枚劳力士金表。英国前首相撒切尔夫人以及美国前总统里根也是劳力士的忠实粉丝，佩戴着劳力士参与了各种大型活动。美国前总统肯尼迪的一枚劳力士手表后刻有"杰克，玛丽莲·梦露永远爱你，1962 年 5 月 29 日"的字样，这枚金表是梦露送给肯尼迪的生日礼物，在 2005 年以 12 万美元被拍卖。

劳力士一直对网球比赛很重视。在 1978 年，劳力士就成为温布

劳力士
ROLEX
挑战"精确"的极限

尔登网球锦标赛的指定时计。2014年获得澳网公开赛冠军的李娜，这位自称是"居住在地球的外星人"也是劳力士的代言人。另一位被称为"史上最佳球手"的罗杰·费德勒，曾300多周世界排名第一。他珍藏的劳力士腕表有三块，都是劳力士的经典款式，分别是星期日历型、日志型和1981年古董级别的迪通拿，其中星期日历型是他正装出席宴会的必备品。

劳力士的忠实粉丝中也不乏艺术家。钢琴家李云迪就是其中一位。对劳力士腕表情有独钟的他最喜欢功能性强大的迪通拿，无论是生活中与老友把酒言欢，还是面对观众，几乎每时每刻都佩戴着它。他曾说："迪通拿如果不在手腕上，就是在钢琴和床头上，不会离开我的视线。"对于李云迪来说，劳力士迪通拿不再是简单的腕表，而是陪伴他的老友。

据说，伊丽莎白·赫莉在拍摄《诏谀莎拉》中曾为劳力士而发了一通脾气，因为主办方为了节省经费，给她佩戴的是一块假劳力士。但赫莉在这部片里扮演的是拥有百万资产的富婆，她不愿有分毫的假装。最终主办方花了1.5万美元买了一枚劳力士真表，赫莉才罢休。这个故事至今仍被很多劳力士收藏家们所津津乐道。

劳力士在1956年推出的星期日历型表，不仅具备日历窗，还有星期显示窗，有被称为"午夜奇迹"的现象，每到新的一天，在表盘上就会出现新的日期和星期，这样的设计让人拍案叫绝。拥有26种语言供选择的星期日历表被很多领导人所垂青。虽然这款表最初是专为男士所设计的，但是后来也吸引了很多女明星和收藏家。

众所周知，一个品牌的标志总是倾注着创始人对于品牌的希冀。劳力士的标志——一个五个手指张开状的皇冠，仿佛是在向世人展示着自己在钟表业的王者地位。"迈步向前，成功需要勇气和坚定的意志。"尊贵的劳力士把这种力量留给佩戴它的人，也希望每位佩戴者都能够拥有足够的自信去改变世界。

先进科技与精湛工艺的结晶

一款手表从设计到真正呈现在我们面前，需要经历许多"关卡"。而一直享有盛名的劳力士，每一款手表都倾注了太多人的心血，每一件艺术品的诞生都是对钟表师们精湛工艺的考验。随着时代的发展，人们对腕表的要求也越来越高，因此，先进科技也起着不可忽视的作用。

劳力士有三个著名的系列，分别是"蚝式恒动"系列、"迪通拿"系列和"切利尼"系列。第二次世界大战时，战争不再只有海、陆两种模式，加入了更具有效率和杀伤力的空军。但是由于飞机的速度很快，钟表很容易出现误差。但严峻的战争是不允许有误差的。劳力士正是看到了这一点，在钟表的精准性和坚固耐用上下足功夫。因此出现了

劳力士
ROLEX
挑战"精确"的极限

著名的飞行员产品线，称为"空霸"（Air King）系列。2016 年，劳力士又重新启动这一军表系列，由原来 34 毫米的小表壳改为现在的 40 毫米，机芯也是采用天文台认证的自动机芯，而里面的零件全都是当前最先进的配置。

1926 年，劳力士创制了世界上第一款既能防水又具有防尘功能的腕表——蚝式手表。蚝式外圈的三角坑纹，能够有效将外圈旋紧固定在表壳上，从而更进一步保证蚝式腕表的防水性能，这个设计成为劳力士的一个重要特色，而蚝式表壳也成为防水性能的一个象征。著名的劳力士蚝式腕表"绿水鬼"，拥有绿色表盘外观，具有恒动摆陀和自动上弦的机芯，可以佩戴它潜水于 300 米的深海中，被很多潜水家们所青睐。

1931 年，劳力士在工艺上更上一层楼，通过钟表师们的不懈努力发明了自动上链的恒动摆陀。由于当时的腕表都需要手动上链，不仅麻烦而且会影响表的防水防尘性能。新的设计可以通过手腕的不断摆动而源源不断地提供动能，被世人称为"恒动"表的它成为整个钟表发展史上的重要里程碑。

1953 年，劳力士根据著名艺术家本韦努托·切利尼命名的"切利尼"系列，获得专利的小窗凸透镜是一个巧妙的设计，由抗刮损的蓝水晶制成的小放大镜能有效地将 1945 年推出的日志型手表的日历放大，再加上双重反光涂层，能更方便用户的读取，与其他系列不同的是，劳力士这一次出乎所有人的意料采用了透底设计，也是劳力士的一次全新的尝试。

很多人说如果一生中一定要拥有一块表的话,那么非劳力士莫属。劳力士的创始人汉斯·威斯多夫在他古稀之年时曾经说过:"我对制表业依然满腔热情,经常有新鲜的想法。"能够灵活处理市场的变化,把握时代与科技的风向也是劳力士能够持续成功的重要原因。

图书在版编目（CIP）数据

奢侈的诱惑：遇见顶级珠宝和腕表品牌的梦幻世界 /
胡雨馨编著. -- 北京：社会科学文献出版社，2017.6
（3A时尚）
ISBN 978-7-5201-0651-1

Ⅰ.①奢…　Ⅱ.①胡…　Ⅲ.①宝石 - 名牌 - 介绍 - 世
界 ②手表 - 名牌 - 介绍 - 世界　Ⅳ.①F746.87
②F746.44

中国版本图书馆CIP数据核字（2017）第074862号

·3A时尚·
奢侈的诱惑：遇见顶级珠宝和腕表品牌的梦幻世界

编　　著 / 胡雨馨

出 版 人 / 谢寿光
项目统筹 / 杨　轩
责任编辑 / 杨　轩

出　　版 / 社会科学文献出版社·电子音像分社图书编辑部（010）59367069
　　　　　　地址：北京市北三环中路甲29号院华龙大厦　邮编：100029
　　　　　　网址：www.ssap.com.cn
发　　行 / 市场营销中心（010）59367081　59367018
印　　装 / 北京季蜂印刷有限公司

规　　格 / 开　本：880mm×1230mm 1/32
　　　　　　印　张：9.5　字　数：197千字
版　　次 / 2017年6月第1版　2017年6月第1次印刷
书　　号 / ISBN 978-7-5201-0651-1
定　　价 / 45.00元

本书如有印装质量问题，请与读者服务中心（010-59367028）联系